제4차 산업혁명시대에
인재로 살아남는 힘

제4차 산업혁명시대에
인재로 살아남는 힘

제4차 산업혁명시대에
인재로 살아남는 힘

제4차 산업혁명시대에
인재로 살아남는 힘
키워드 변화법

2018. 2. 23. 초 판 1쇄 인쇄
2018. 3. 2. 초 판 1쇄 발행

검
인

지은이 | 이학은
펴낸이 | 이종춘
펴낸곳 | **BM** 주식회사 **성안당**

주소 | 04032 서울시 마포구 양화로 127 첨단빌딩 5층(출판기획 R&D 센터)
       | 10881 경기도 파주시 문발로 112 출판정보문화산업단지(제작 및 물류)

전화 | 02) 3142-0036
       | 031) 950-6300
팩스 | 031) 955-0510
등록 | 1973. 2. 1. 제406-2005-000046호
출판사 홈페이지 | **www.cyber.co.kr**
ISBN | 978-89-315-8227-7 (03190)
정가 | **15,000원**

이 책을 만든 사람들
책임 | 최옥현
기획 · 진행 | 박남균
교정 · 교열 | 에프엔
본문 · 표지디자인 | 에프엔
홍보 | 박연주
국제부 | 이선민, 조혜란, 김해영
마케팅 | 구본철, 차정욱, 나진호, 이동후, 강호묵
제작 | 김유석

★★★
www.**cyber**.co.kr
성안당 Web 사이트

■ **도서 A/S 안내**

성안당에서 발행하는 모든 도서는 저자와 출판사, 그리고 독자가 함께 만들어 나갑니다.
좋은 책을 펴내기 위해 많은 노력을 기울이고 있습니다. 혹시라도 내용상의 오류나 오탈자 등이
발견되면 **"좋은 책은 나라의 보배"**로서 우리 모두가 함께 만들어 간다는 마음으로 연락주시기
바랍니다. 수정 보완하여 더 나은 책이 되도록 최선을 다하겠습니다.
성안당은 늘 독자 여러분들의 소중한 의견을 기다리고 있습니다. 좋은 의견을 보내주시는 분께는
성안당 쇼핑몰의 포인트(3,000포인트)를 적립해 드립니다.

잘못 만들어진 책이나 부록 등이 파손된 경우에는 교환해 드립니다.

THE KEYWORD CHANGE METHOD

키워드변화법

제4차 산업혁명시대의 인재로 살아남는 힘

이학은 지음

변화법 제4차 산업혁명시대 고진감래 적자생존 올해의 이력서 CHANGE 틀깨기 까짓거 배움 거룩한 훈련 기적의 입버릇
오늘의 10분 금방 온다 25% 법칙 살아남기 새로운 도전 될 때까지 잠잠히 뜻밖의 미래 마중물 디드로 죽이기 한 걸음 끊임없
라 열정 1% 이론 칭찬병 충고약 걸레는 도 닦는 도구 키워드 변화법 제4차 산업혁명시대 고진감래 적자생존 올해의 이
CHANGE 틀깨기 까짓거 배움 거룩한 훈련 기적의 입버릇 적자생존 오늘의 10분 금방 온다 25% 법칙 살아남기 새로운 도전
지 잠잠히 뜻밖의 미래 마중물 디드로 죽이기 한 걸음 끊임없이 배우시라 열정 1% 이론 칭찬병 충고약 걸레는 도 닦는
워드 변화법 제4차 산업혁명시대 고진감래 적자생존 올해의 이력서 CHANGE 틀깨기 까짓거 배움 거룩한 훈련 기적의 입버
존 오늘의 10분 금방 온다 25% 법칙 살아남기 새로운 도전 될 때까지 잠잠히 뜻밖의 미래 마중물 디드로 죽이기 한 걸음
이 배우시라 열정 1% 이론 칭찬병 충고약 걸레는 도 닦는 도구 키워드 변화법 제4차 산업혁명시대 고진감래 적자생존 올
력서 CHANGE 틀깨기 까짓거 배움 거룩한 훈련 기적의 입버릇 적자생존 오늘의 10분 금방 온다 25% 법칙 살아남기 새로운
가지 잠잠히 뜻밖의 미래 마중물 디드로 죽이기 한 걸음 끊임없이 배우시라 열정 1% 이론 칭찬병 충고약 걸레는 도 닦는
워드 변화법 제4차 산업혁명시대 고진감래 적자생존 올해의 이력서 CHANGE 틀깨기 까짓거 배움 거룩한 훈련 기적의 입버
존 오늘의 10분 금방 온다 25% 법칙 살아남기 새로운 도전 될 때까지 잠잠히 뜻밝죽이기 한 걸음
배우시라 열정 1% 이론 칭찬병 충고약 걸레는 도 닦는 도구 키워드 변화법 제4차   적자생존 올해의
CHANGE 틀깨기 까짓거 배움 거룩한 훈련 기적의 입버릇 적자생존 오늘의 10분 금방 온다 25% 법칙 살아남기 새로운 도전
잠잠히 뜻밖의 미래 마중물 디드로 죽이기 한 걸음 끊임없이 배우시라 열정 1% 이론 칭찬병 충고약 걸레는 도 닦는

제4차 산업혁명시대에
인재로 살아남는 힘

들어가는 말

굳이 '제4차 산업혁명'이라는 말을 들먹이지 않아도 시대는 무서운 속
도로 변해가고 있다. 이런 시대의 변화에 도태되지 않으려면 방법은 한
가지, 변해야 한다. 이런 사실을 머리로는 잘 알고 있으면서도 변화를 행
동으로 옮기지 못하는 나 자신을 보며 답답해하던 때가 있었다.

'왜 나는 변화하지 못하는가?'
'왜 나의 결심은 삼 일을 채 넘기지 못하는가?'
'변화 시도에 번번이 실패하는 이유는 뭔가?'

스스로 질문해가며 변화를 갈구하기도 했다.

40대 초반, 나는 그 무렵의 남성들이 대부분 겪는다는 '40대 우울증'(일
본의 호르몬 전문가 네고로 히데유키는 〈호르몬 밸런스〉 [스토리 3.0, 2016]에서 40대 남성은

호르몬 변화로 정신적인 면에서 부드러워지고, 심하면 우울한 상태가 된다고 말했다)을 경험했다. 나름 밝고 긍정적인 성격이라 그런 일을 겪게 되리라고는 생각조차 못했다. 물건 구매를 위해 매장에 들어서면 판매사원들로부터 '고객님'이 아닌 '아버님'이라는 표현을 더 많이 들었고, 아이들은 어느새 벌어들인 급여를 한순간에 먹어 치우는 '괴물'이 되어 있었다. 갚아야 할 대출이자는 줄어들지 않은 채 부담이 되어 돌아오는 시기였다. 직장에서는 언제 자리를 내주어야 할지 모르는 그야말로 위태로운 줄타기가 계속되면서 이래저래 40대의 우울증은 긍정적인 마인드만으로는 이겨내기 어려울 정도로 점차 커져만 갔다.

'아이들은 어떻게 키워야 하나?'
'회사를 그만두면 뭘 해먹고 사나?'
'은퇴하려면 무엇을 준비해야 하나?'

입에서는 이런 말들이 거의 매일 튀어나왔고, 20년이 넘는 직장생활 동안 특별히 해놓은 것 없이 시간만 흘려보낸 나 자신이 무척이나 실망스러웠다. 뾰족한 대안 없이 미래에 대한 걱정으로 한숨만 늘어가던 어느 날, '키워드'(keyword)가 찾아왔다. 마치 파블로 네루다에게 어느 날 갑자기 '시'(詩)가 찾아온 것처럼……

그래, 그 무렵이었어…… 시가

나를 찾아왔어. 난 몰라. 그게 어디서 왔는지,

모르겠어, 겨울에서인지 강에서 인지,

언제 어떻게 왔는지 나는 모르겠어.

아냐, 그건 목소리가 아니었고, 말도

침묵도 아니었어.

하지만 어느 거리에선가 날 부르고 있었지.

– 파블로 네루다 〈시〉 중에서[1]

그랬다. 언제인지, 어디서인지 모르게 조용히 키워드가 찾아왔고, 생각과 행동, 인격과 운명을 조금씩 바꾸어 주기 시작했다. 그렇게 키워드와 함께한 몇 년의 시간이 흐르고 40대가 마무리될 무렵, 첫 번째 저서가 출간되며 나는 작가가 되었다. 매일 대출이자와 아이들 교육비, 은퇴 이후의 삶을 걱정하며 살던 내게 키워드는 새로운 삶의 문을 여는 열쇠가 되어 준 것이다.

나의 전공은 국어국문학(이하 국문학)이다. 책을 출간하자 사람들은 '국문학을 전공했으니 글 쓰는 게 당연하다'고 생각하는 분위기였다. 그러나 나는 작가가 되기 위해 국문학을 전공한 것은 아니다. 함께 공부했던 친구들에게 '너는 국문학과 학생 같지 않다'는 말을 자주 들었을 정도다. 책을 읽거나 글을 쓰는 일과는 거리가 아주 멀었다는 뜻이다. 대학시절, 작가가 되겠다는 꿈조차 꾼 적이 없었다.

글의 내용과 상관없는 사족(蛇足) 같은 전공 이야기를 하는 이유가 있다. 이 책을 읽는 사람들이 '당신은 국문학을 전공했으니 글을 쓰고, 책도 낼 수 있는 것 아니냐'는 오해를 하지 않았으면 하는 바람 때문이다. 나를 작가로 만들어 준 힘은 전공이 아니라 '키워드'라는 사실을 분명히 밝혀두고 시작하려는 거다.

본문에서 다시 소개하겠지만, 작가가 된 것 외에 키워드가 선물처럼 내게 가져다준 몇 가지를 언급하고 넘어가야겠다. 키워드가 뿌린 씨앗이 변화의 과정을 거쳐 맺게 된 열매들이다. 저서 〈감정노동에서 나를 지키는 방법〉(전나무숲 2016), 평생교육사, 애니어그램 상담사, 이미지 컨설턴트, 심리상담사, 노인심리상담사, 독서지도사, 앞쪽형인간 셀프리더십 1급 자격, 버크만 FT, 프리뷰 강사 자격, 연간 150권 이상 독서, 성경통독 10회 이상, 성경 600구절 이상 암송, 새벽 4시 20분 기상, 오디오클립 〈소설로 읽는 세상 이야기〉 연재 등……

지금 이 책 〈키워드 변화법, 제4차 산업혁명시대에 인재로 살아남는 힘〉을 쓰고 있는 것도 당연히 키워드를 통한 변화의 열매다. 그러나 더 중요하고 소중한 선물은 사실 눈에 보이지 않는 것들이다. 키워드는 아내와의 관계뿐만 아니라 자녀들과의 친밀함을 더욱 깊어지도록 만들어 주었다. 때로 사람 간의 관계에서 상처를 받거나 직장에서 이런저런 실패를 했을 때에도 키워드는 빠르게 평정심을 되찾는 데 도움을 주었고, 세상을 좀 더 건강하고 정직하게 살려는 노력을 기울이게 해주었다. 거창하게 혹은 불편하게 들릴지 모르겠다. 그러나 키워드를 통해 매일의 삶 속에서 작은 성공을 쌓아 가며 제4차 산업혁명의 시대를 준비하려는 사람이라면 누구나 가능한 일이리라 믿는다.

책을 출간한다는 것이 한 개인의 능력이나 노력만으로 할 수 없는 일이라는 사실을 또 한 번 절감했다. 부족한 글을 정성스럽게 책으로 만들어 주신 성안당 출판사 박남균 부장께 머리 숙여 감사의 말을 전한다. 이 책을 믿음이라는 소중한 유산을 물려주시고 하늘나라로 가신 어머니께 바친다.

2018년 청안재(靑安齋)에서

이학은

목 차

제4차 산업혁명시대에
인재로 살아남는 힘

키워드변화법

2부 · 실전 키워드

부록 · 키워드 플래너

제4차 산업혁명시대가 빠르게 다가오고 있다. 아니 우리는 지금 제4차 산업혁명시대를 살고 있다. 항해혁명, 상업혁명, 산업혁명, 금융혁명, 정보혁명에 이은 지능혁명의 시대가 도래한 것이다. 앞으로의 시대를 이끌어갈 지능혁명은 이전의 다섯 가지 혁명보다 인간의 삶을 더 극적이고 근본적으로 바꿀 것으로 전망되고 있다.[1]

그러나 크게 걱정할 필요는 없을 거라는 게 나의 생각이다. 인간은 다가올 변화에 쉽게 적응할 수 있을 것이기 때문이다. 인간은 본래 환경 적응 능력이 탁월한 동물이 아니던가. 십여 년 전만 해도 낯설고 복잡하기만 했던 스마트폰이 이제는 중독을 걱정해야 할 정도로 일상화된 것만 보아도 짐작은 가능하다. '제4차 산업혁명이 초래할 삶의 변화에 인간이 적응할 수 있을까'하는 것은 큰 문제가 아니라는 뜻이다. 그렇다면 진짜 문제는 무엇인가? 문제의 핵심은 '변화를 이끌어갈 사람이 될 것인지, 아니면 변화에 끌려가는 사람이 될 것이지'에 있다. 이는 순전히 변화를 맞닥뜨리는 각 개인의 태도에 달려 있음은 물론이다. 그렇다면 변화를 이끌어 갈 수 있으려면 어떻게 해야 할까? 유명한 미래학자 최윤식은 제4차 산업혁명 시대에 맞는 인재를 다음과 같이 규정했다.[2]

첫째, 인공지능과 협력하는 사람이 인재가 된다.
둘째, 시간을 새롭게 디자인하는 사람이 인재가 된다.
셋째, 인류의 문제, 욕구, 결핍을 통찰하는 사람이 인재가 된다.
넷째, 통찰력과 상상력에 능한 사람이 인재가 된다.
다섯째, 인간과 기계 사이를 파고드는 사람이 인재가 된다.

전문적이고 복잡해 보이지만 변화를 통찰하고 새로움에 도전하는 사람이 인재가 된다는 뜻일 거다. 굳이 전문가의 입을 빌리지 않아도 변화의 중요성을 모르는 사람은 없다. 오히려 변화의 필요성은 절감하면서도 이런저런 핑계로 변화의 시도를 다음으로 미룬 채 오늘을 살아가는 사람이 훨씬 더 많다. 사람이 변화에 대응하는 유형으로 다음의 세 가지를 들 수 있다. 첫째는 시대의 변화를 예측하고 변화를 주도하는 유형이다. 둘째는 시대의 변화 속도에 빠르게 자신을 변화시키며 발을 맞춰가는 유형이다. 마지막 세 번째는 이미 일어난 변화에 따라가며 적응해가는 유형이다.

　　나는 지난 수년간 직장에서 직원들을 교육하고 훈련하는 일을 해왔다. 이 일은 내게 아주 잘 맞았다. 최소한 나는 그렇게 생각했다. 그런 이유로 즐겁게 일할 수 있었다. 그렇게 즐겁게 일하다가 극심한 좌절감에 빠져들 때가 종종 있었다. 강의를 통해 "변해야 한다", "이전과 달라져야 한다"고 목소리를 높여 외쳤지만, 교육생들의 행동이 전혀 바뀌지 않는 경우를 볼 때가 그랬다. 교육 이전과 비교해 조금도 달라지지 않은 그들의 행동을 보며 허탈한 마음에 힘이 빠졌던 적이 한두 번이 아니다. '강의하는 일이 과연 나에게 맞기는 한 걸까'라는 자괴감으로 허우적거리곤 했다.

　　교육 부서를 맡으며 본격적으로 강의를 시작한 지 4~5년이 넘도록 이런 일은 반복적으로 이어졌다. 강의할 때는 신이 나 있고, 끝나면 허탈해지는 일의 반복이었다. '이래서는 안 되겠다'는 고민을 하기 시작했다. '어떻게 하면 사람을 변화시킬 수 있을까', '자기 동기에 의해 변화를 시도하도록 도울 방법은 없을까'에 대한 실질적인 대안을 찾아야 했다. 쉬운 일이 아니었다. 변화가 말처럼 쉽다면 이런 고민은 애초에 필요하지 않았을 것이다.

　　오랜 고민 끝에 나를 먼저 돌아보기로 했다. '나는 언제 행동이 변화되었는지'를 살펴보기로 한 거다. 앞에서 교육생들의 변하지 않는 모습을 보며 좌절했다는 말을 했지만, 변하지 않기는 나 역시 마찬가지였다. 이런 말이 있다.

"사람은 나이가 들면서 마음에 튼튼한 집을 지으며 살아간다. 그 누구도 무너뜨릴 수 없는 이 집은 바로 '똥고집'이다. 마음속 똥고집 앞에는 두 마리의 개가 성난 이빨을 드러내 보이며 지키고 있다. 편견(犬)과 선입견(犬)이라는 이름의 개다."

손뼉 치며 공감했다. 원래의 한자를 바꿔가며 억지로 만든 말이기는 하지만, 너무나 정확하게 나의 모습을 표현해내고 있었다. 이렇듯 마음에 견고한 똥고집을 지어놓은 나는 언제 생각과 행동이 변하게 되었을까? 오랜 시간의 '나를 돌아보는 작업'은 변화의 동력이 무엇이었는지 발견할 수 있게 해주었다. 키워드였다. 우연히 마음속으로 찾아들어 행동을 바꿔놓은 키워드를 기억해낸 것이다. 다음은 키워드 하나가 행동을 변화시킨 경험 이야기다.

나는 지금까지 20년이 넘게 운전을 해왔다. 자잘한 접촉 사고는 몇 차례 있었지만, 큰 사고는 아직 없었다. 다행스러운 일이다. 운전하면서 신호위반, 차선 위반, 불법 유턴, 불법 좌회전 따위의 불법적인 행동을, 걸리지 않는 범위에서 공공연히 자행했다. 물론 그중 몇 번은 경찰에 적발되어 과태료를 물기도 했다. 이따금 차량운행이 드문 교차로 정지선에 움직이지 않고 서 있는 차량을 발견할 때가 있다. 빨간색 신호등이 켜져 있기 때문이다. 이런 때면 신호가 바뀌기를 기다리며 서 있는 차량의 운전자를 슬쩍 쳐다보며 신호를 무시한 채 교차로를 지나가곤 했다. 눈으로 '융통성 없는 답답한 운전자 같으니라고……' 비난을 퍼부어 대면서 말이다. 이렇게 융통성 넘치던 내가 어느 날 또 한 명의 '답답한 운전자'가 되어버렸다. 하나의 키워드가 마음속으로 찾아 들어왔기 때문이다.

'거룩한 훈련'

'거룩한 훈련'은 이전의 교통법규 위반 행동을 송두리째 바꿔놓은 키워드다. 거룩하고 바른 삶을 살고 싶다면 훈련이 필요한데 그것이 '거룩한 훈련'이라는 의미의 키워드였다. 키워드 하나가 마음에 들어왔을 뿐인데 놀랍게도 불법 운전 습관은 조금씩 고쳐지기 시작했다. 신호를 위반하고 빨리 가고 싶을 때마다, 불법으로 유턴하면 한 블록을 더 가지 않아도 된다는 유혹에 빠질 때마다 키워드 '거룩한 훈련'이 머리에 떠올랐다. 나중에는 괴롭기까지 했다. 그렇게 시간이 흐른 뒤, 빨간색 신호를 만나면 신호가 바뀔 때까지 정지선에 움직이지 않고 서 있는 답답하고, 융통성 없는 운전자로 바뀌어 있었다.

키워드를 통한 이런 작은 변화의 경험은 오랫동안 '사람들을 어떻게 변화시킬 수 있을까'에 대한 고민을 해결할 수 있는 중요한 힌트가 되어 주었다. 문제가 전혀 없었던 것은 아니다. 키워드에 의한 변화가 '항상, 누구에게나' 가능한가 하는 문제였다. 그것을 증명해내야만 했다. '나에게만', '우연히 한두 번' 일어나는 변화라면 아무런 소용이 없기 때문이다.

그런 이유로 스스로 임상시험(의료분야에서 약물 등의 안전성을 시험하기 위해 사람을 대상으로 행하는 시험 -네이버 지식백과-)을 해보기로 했다. '과연 키워드에 의해 또 다른 행동의 변화를 이루어 낼 수 있을까'하는 실험이다. 결론부터 말하면 실험결과는 성공적이었다. 키워드는 삶의 꽤 많은 영역에서 생각과 행동의 변화를 가져다주었을 뿐만 아니라, 지극히 평범하고 보통의 사람을 작가로, 방송에 출연하여 강의하는 강연가로 만들어 주었다.

본문에서 소개될 키워드들은 책에서 읽고, 사람들에게 듣고, 스스로 만든 것이다. 나중에 알게 되겠지만 새로운 것은 없다. 우리가 매일 쓰는 일상적인 표현들에 지나지 않는다. 그러나 김춘수의 불멸 시 〈꽃〉에서 말하는 것처럼 아무 의미 없던 키워드들이 그 이름을 불러주었을 때 내 속으로 들어와 삶이 되었고, 변화의 힘이 되어 주었다. 사람들은 '변화하는 자만이 살아남는다'고 말한다. '이렇게 살면 안 되는데⋯⋯'라며 간절히 변화를 갈망하기도 한다. 제4차 산업혁명의 시대를 살아가야 할 우리에게 변화는 이제 가장 시급하고 중요한 문제가 되었다. 선대인경제연구소의 선대인 소장은 〈일의 미래: 무엇이 바뀌고, 무엇이 오는가〉(인플루엔셜, 2017)에서 이렇게 경고했다.

"한국의 일자리 구조가 변하고 있다. 많은 이들이 일의 변화를 먼 미래처럼 이야기하지만, 이미 한국은 기계화, 자동화로 인한 일자리 대체가 심각하고, 인구절벽과 소비절벽이 빠르게 진행되어 어느 나라보다도 일자리 변화가 급격하다. 저성장, 인구 마이너스, 기술 빅뱅, 로봇화와 인공지능이 맞물려 진행되는 한국의 일자리 변화. 도대체 오늘 무엇이 바뀌고 있고, 내일 무엇이 새롭게 오고 있는가? 이제 지금까지와는 차원이 다른 고민을 시작해야 한다."

선 소장이 말하는 '차원이 다른 고민'이란 무엇을 의미할까? 자기 일과 삶에 대해 새로운 변화를 모색하고 시도해야 한다는 뜻으로 해석했다. 개인이든 기업이든 다가올 미래의 변화에 미리 대처하지 못하면 생존 자체에 심각한 위협을 받을 수밖에 없다. 기업의 경영진이 직원들에게 귀에

못이 박이도록 변화를 외치는 중요한 이유이기도 하다. 시의적절하게 변화하지 못해 발생할지 모르는 기업의 도산을 막고, 영속하는 기업을 만들기 위해서는 조직 구성원들의 변화가 그 무엇보다 우선되어야 함은 당연한 일이다. 그러나 앞서 말한 것처럼 변화의 필요성도 알고, 변화를 갈망하면서도 쉽게 변하지 못하는 것이 사람이다. 또한, 교육에 많은 돈을 투자하지만 원하는 수준으로 직원의 변화를 이끌어 내지 못하는 것이 기업교육의 현실이기도 하다.

나는 지금부터 자신에게 직접 임상시험하여 성공한 변화 방법을 소개하려 한다. 목마르게 변화하고 싶은 사람들에게 조금이라도 도움이 되었으면 하는 마음으로 말이다. '당신이 변화했다고 다른 사람에게도 적용할 수 있겠느냐'라는 의심을 품을 수도 있다. 이런 의심에 대해 '충분히 가능하다'고 주저 없이 말하고 싶다. 이유는 '나는 지극히 보통사람'이기 때문이다. 이 말은 '누구에게나 적용이 가능한 방법'이라는 뜻이다.

보통 사람이라는 키워드를 쓰는 이유가 있다. 위대한 성공을 이뤄낸 사람들의 성공비결에 대해서는 가까운 서점만 나가면 얼마든지 찾을 수 있다. 책에는 비범하고, 위대한 사람들의 성공 방법들이 빠짐없이 소개되어 있다. 성공한 사람들의 이야기를 읽을 때마다 '나도 이렇게 살고 싶다'

는 생각에 가슴이 뛴 적이 한두 번이 아니다. 그러나 안타까운 것은 책을 읽고 난 다음이다. 위대한 사람들의 성공비결을 따라 해보려고 애를 썼지만, 번번이 고개를 떨구고 말았다. 나와 같은 보통사람은 도저히 따라 할 수 없는 힘들고 어려운 것이 대부분이었기 때문이다. 그들이 말해주는 성공비결은 대체로 이런 것들이다.

"새벽 3~4시부터 일어나 하루를 시작하라. 한 달에 열 권 이상의 책을 읽어야 한다. 그것도 부족하다. 1년에 365권은 읽어야 성공할 수 있다. 철저한 시간 관리를 통해 단 1초도 허비하지 마라. 어떤 힘든 역경에서도 포기하지 말고, 미래를 꿈꾸며 앞을 향해 나아가라. 발로 뛰고, 몸으로 부딪히며 못 팔면 죽는다고 외쳐라. 한 달을, 일 년을 휴일 없이 일한다 할지라도 불평하지 말고 하는 일에 승부를 걸어라."

뼈를 깎는 자기 통제와 자기 절제로 남다른 노력을 통해 성공한 사람들의 이야기는 감동 그 자체다. '사람이 과연 이렇게 살 수 있을까'하는 감탄사가 절로 나온다. 위대한 성공을 거둔 사람들의 행동을 그대로 따라 한다는 것은 여간 어려운 일이 아니다. 결국 '이 사람은 나와 다르다' '나는 저렇게까지 못한다'며 포기하기 일쑤였다. 그래서 나와 같은 보통사람이 나선 것이다. 이런 사정을 누구보다 잘 알고 있기 때문이다.

'키워드 변화법'은 보통사람이라면 누구나 따라 할 수 있는 변화의 방법이라고 확신한다. '이런 게 무슨 비법이냐'며 어이없어할 정도다. 그저 키워드 하나를 마음에 새기고 그 키워드가 인도하는 대로 한 걸음씩 옮겨 놓는 것이 전부이기 때문이다. 혹시라도 어렵게 느껴지는 키워드가 있다면 그냥 건너뛰면 그만이다. 이 어이없고, 단순해 보이는 방법을 따라 하다 보면 조금씩 변화해가는 자신의 모습을 볼 수 있다. '위대한 사람은 나면서부터 위대할 것'이라는 생각은 버리자. '나는 할 수 없다'는 생각도 머릿속에서 지워 버려야 한다. 이는 우리 속에 키우고 있는 편견 혹은 선입견이라는 개의 속임수일 뿐이다.

그리스 용병 1만 명이 페르시아 내전에 참여했다가 고립된다. 설상가상으로 지휘관들은 적의 계략에 의해 살해당한 상태다. 페르시아인들은 그리스 병사들에게 항복을 종용하지만, 그들은 굴복하지 않고 민주적인 방식으로 자신들의 리더를 선출한다. 새로운 리더의 지휘 아래 그들은 페르시아 탈출을 시도한다. 사막과 눈 덮인 산악지대를 물과 식량도 없이 온갖 난관을 극복하고 마침내 그들은 고국 그리스로 돌아온다. 크세노폰의 〈아나바시스〉(Anabasis)의 내용이다.

이 사례를 소개한 한양대 라종일 석좌교수는 이렇게 설명을 덧붙였다.

"지도자는 어느 날 갑자기 하늘에서 떨어지거나 외국에서 날아오거나 어떤 특정한 혈통이 있는 것이 아닙니다. 우리와 같은 사람들 사이에 있습니다. 단지 우리 판단으로 봤을 때 자질과 능력이 훌륭한 사람들이고 무엇보다 우리와 필요나 목적을 함께하는 사람들입니다. 문자 그대로 우리의 '동지'(同志)죠. 일단 이런 지도자를 뽑은 다음에는 최선을 다해 지도자의 지휘에 응해야 합니다. '위대한 지도자'가 아닌 우리 사이에 있는, 우리와 같은 지도자인 것이죠."[3]

위대한 지도자라도 처음에는 보통의 평범한 사람이었다고 라종일 교수는 말하고 있다. 사람은 누구나 성공적인 삶을 살아가기를 꿈꾼다. 내가 아니라면 자녀라도 위대한 사람이 되기를 간절히 원하는 게 인간이다. 그러나 그렇게 되려면 반드시 '변화'라는 과정을 거쳐야 한다. 이미 우리가 수십 차례 시도하다가 포기한 변화 말이다. 무서운 것은 이렇게 포기하는 일이 몇 번 반복되다 보면 '나는 변하지 않는 사람이야'라며 변화에 관한 생각 자체를 접어버린다는 것이다. '변하지 않는다'는 고정관념에서 벗어나 위대한 미래를 향한 첫걸음을 시작하자. 키워드가 함께 해줄 것이다.

이 책에 꽤 많은 키워드가 소개된다. 이중 단 하나라도 나의 것으로 만들겠다는 다짐을 하며 읽었으면 좋겠다. 자신만의 키워드를 찾을 수 있게 되는 것이 이 책의 목표다. 찾아낸 키워드를 하나씩 삶에 적용하며 '어제와 다른 나, 작년과 다른 나'를 만들어 갈 수 있기를 간절히 바란다. 그것이 제4차 산업혁명시대에 인재로 살아남는 힘이며, 변화에 끌려가는 사람이 아닌 이끌어가는 사람이 되는 방법이기 때문이다.

1부

키워드 알아보기

제4차 산업혁명시대에
인재로 살아남는 힘

| 01 |

키워드란 무엇인가

WORD

🔑 행동을 변화시키는 키워드

2009년, 한글날 특집으로 방영된 MBC 〈실험 다큐, 말의 힘〉에서는 흥미로운 실험이 방송을 탔다. 실험은 다음과 같이 진행됐다.

실험을 위해 모두 네 가지의 준비물이 필요했다. 방송국 로비에 표시된 40m의 거리, 초 시계로 시간을 측정하는 사람, 30개의 단어 카드 그리고 실험 진행자이다. 잠시 후 자신이 어떤 실험을 하게 될지 모르는 20대 남녀 16명은 한 사람씩 실험 진행자 앞에서 미션을 부여받는다(피실험자들은 두 그룹으로 나뉜 상태다. 편의상 두 그룹을 A그룹, B그룹이라 부르기로 하자). 실험 진행자가 "이 실험은 문장을 만드는 언어능력 테스트다"라고 말하면서 실험은 시작된다. '5분 안에 3개씩의 카드를 조합해서 3개의 문장을 만들어

보라'는 과제를 부여받은 피실험자의 앞에는 총 30개의 단어 카드가 펼쳐져 있다. 12명이 참가한 A그룹의 카드에 적힌 단어는 다음과 같다.

> 해 질 녘, 황혼의, 전원주택, 늙은, 뜨개질, 회색의, 따분한, 노후자금, 쓸쓸한, 전통적인, 휠체어를 탄, 은퇴한, 보수적인, 의존적인, 혼자인 등……

반면에 B 그룹의 실험 참가자들에게는 이런 단어들이 적힌 카드가 제시됐다.

> 부지런한, 신입사원, 승진, 스포츠, 유행을 따르는, 승리, 열정적인, 도전적인 등……

A 그룹에는 노인을 연상시키는 단어가, B 그룹에는 청년을 연상시키는 단어가 제시되었음을 알 수 있다. 피실험자들은 단어 카드를 이리저리 조합해가며 힘겹게 3개의 문장을 만들어낸다. 과제를 마친 피실험자는 진행자의 안내에 따라 실험 장소를 나와 대기실로 이동한다. 그러나 진짜 실험은 이때부터다.

미리 표시해 둔 40m 출발 지점을 통과하는 순간부터 도착 지점에 이르기까지 걸린 시간을 실험 전과 후로 나누어 비교해보려는 것이 실험의 핵심이다. 피실험자가 최초 실험 장소로 들어올 때 걸린 시간은 이미 측정을 마친 상태다. 과연 실험결과는 어떤 차이를 나타냈을까?

　노인에 관련된 단어를 본 A그룹이 최초 실험실로 들어갈 때의 걸린 시간은 평균 24.78초였다. 그러나 실험을 마치고 다시 대기실로 걸어가는 시간은 평균 27.10초가 걸렸다. 무려 2.32초가 더 늦어졌다. 실험하느라 힘들었기 때문이었을까? 이에 비해 젊은이를 연상시키는 단어로 3개의 문장을 만든 B그룹의 결과는 사뭇 달랐다. B그룹 실험 대상자들의 걸음걸이는 실험 전에 비해 빠르고 힘이 있다는 것을 방송 화면으로 쉽게 확인할 수 있었다. B그룹이 실험실까지 들어가는 데 걸린 시간은 평균 26.10초였다. 그러나 실험실을 나와 대기실로 돌아가는 데는 23.64초의 시간이 걸렸을 뿐이다. 2.46초의 시간이 더 빨라진 거다. 결국, A그룹과 B그룹은 5초에 조금 못 미치는 4.78초의 차이를 나타냈다.

　'뭐 5초 정도를 갖고 그러느냐'는 생각을 할 수 있으나, 거리가 40m가 아니라 400m, 4㎞라고 한다면 얘기는 달라진다. 피실험자들은 그저 단어만 보았을 뿐이지만, 단어는 사람의 행동에 큰 차이를 가져올 수 있음을 증명하는 실험이었다. 이 실험을 처음 실행한 예일대학교(Yale University) 존 바그(John Barg) 교수는 이렇게 말한다.

"(어떤 단어는 노출되면) 뇌의 일정 부분은 자극을 받고 무엇인가를 할 준비를 하게 됩니다. 특정 단어는 뇌의 특정 부분을 자극해 자신도 모르게 행동하게끔 합니다. '움직인다'는 동사를 읽으면 뇌는 의식적으로 행동할 준비를 합니다. 언어는 굉장히 강력합니다." (MBC 한글날 특집 '실험 다큐, 말의 힘'에서 인터뷰한 내용을 녹취, 인용)

이와 비슷한 실험이 초등학교 학생들을 대상으로 시행됐다. EBS에서 방영된 〈언어발달의 수수께끼〉에서 진행했던 실험이다.

두 명의 학생이 좁은 복도를 달려가다가 서로 부딪힌다. 누구의 잘못인지 분명하지 않은 상황에서 학생들의 반응은 크게 둘로 나뉜다. 어떤 아이는 상대에게 먼저 사과하는가 하면, 또 다른 아이는 째려보거나 짜증을 내고, 화를 내기도 한다. 어떻게 이런 차이를 보이게 된 걸까? 아이들의 타고난 인성 때문이었을까? 여기에는 한가지 비밀이 숨겨져 있었다. 실험에 참가한 학생들은 복도를 뛰어가기 바로 전 과제 하나를 수행해야 했다. MBC 〈실험 다큐, 말의 힘〉에서 실시한 실험 그대로다. 학생들은 탁자 위에 놓여 있는 여러 개의 단어 카드를 배열해서 5분 안에 세 개의 문장을 만들어야 했다. 이 실험에서도 아이들은 이미 A, B 두 그룹으로 나뉘어 있었다. A 그룹에 제시된 단어는 이런 것들이다.

> 선생님, 착한, 밝은, 어린이, 인사하다, 천천히, 겸손한,
> 사과하다, 도와주다, 양보하다, 즐겁다…….

반면에 B 그룹의 학생들은 다음과 같은 단어로 문장을 만들어야 했다.

> 도둑, 공격적인, 침입하다, 어두운, 지하실, 딱딱한, 비웃다,
> 못하다, 도망하다, 불쾌한, 상처…….

이쯤 되면 좁은 복도에서 부딪혔을 때 먼저 사과한 그룹과 짜증을 내거나 화를 낸 그룹이 어느 쪽이었는지 쉽게 짐작할 수 있을 것이다. 컴퓨터와 스마트폰의 폭력적이고 선정적인 영상과 글로부터 우리의 아이들을 구해내야 할 사명이 어른에게 있음을 보여주는 아주 중요한 실험 결과다.

무더운 여름날, 에어컨은커녕 선풍기 하나 없는 대학의 강의실에서는 한창 심리학 강의가 진행되고 있었다. 더위로 짜증이 난 학생들 앞에서 교수는 칠판에 다음과 같은 단어의 조합을 적기 시작했다.

> 북극 – 설원 / 폭설 – 장갑 / 스키장 – 백설
> 아이스크림 – 팥빙수 / 눈보라 – 마스크

칠판에 쓰기를 마친 교수는 학생들에게 이렇게 말했다.

"자, 이 중에서 한 쌍의 단어를 골라 짧은 문장을 하나씩 지어서 제출하세요."

더위에 지친 학생들은 얼른 과제를 마치고 강의실을 빠져나가기 위해 저마다 문장을 만들기 시작했다. 그때 갑자기 신기한 현상이 일어났다. 학생들의 체온이 내려가기 시작한 것이다. 강의실에 들어가기 전에 측정한 학생들의 평균 체온은 섭씨 37.4도였다. 그러나 교수가 제시한 단어로 문장을 만들고 난 이후에 측정한 체온은 37.2도로 내려갔다. 추위와 관련된 문장을 만든 학생들은 단어를 통한 생각만으로도 체온을 0.2도나 떨어뜨릴 수 있었다.[1]

앞에서 살펴본 몇 가지 실험을 통해 우리가 일상적으로 만나는 말과 글이 사람의 몸뿐만 아니라 행동에 적잖은 변화를 일으킨다는 사실을 발견할 수 있다. 미국 스탠퍼드 대학의 신경학 교수인 로버트 사폴스키는 "부정적인 말을 계속 들으면 듣는 사람의 학습, 기억, 주의력, 판단력이 흐려질 수 있다"고까지 경고했다.[2] 지금 내가 무슨 말을 하고 있는지, 어떤 글을 읽고 있는지 주의 깊게 살펴봐야 할 이유가 여기에 있다.

마하트마 간디(Mahatma Gandhi, 1869~1948)의 손자이자 '비폭력 간디 협회'

의 설립자이기도 한 아룬 간디(Arun Manilal Gandhi, 1934~)는 〈비폭력 대화〉의
머리말에서 다음과 같이 썼다.

> "이 세상은 우리가 만들어놓은 것이다. 오늘날 이 세상이 무자비하다
> 면, 우리의 무자비한 태도와 행동이 그렇게 만든 것이다. 그러므로 우리
> 자신이 변하면 우리는 이 세상을 바꿀 수 있다. 우리가 자신을 바꾸는
> 것은 우리가 매일 쓰는 언어와 대화 방식을 바꾸는 데서 시작한다."[3]

이렇게 우리가 일상적으로 상용하는 말과 글은 인간의 행동을 변화시
키는 힘이 있다. 다음 장에서 좀 더 구체적으로 설명하겠지만 나는 이 '말
과 글'을 '키워드'라고 표현한다. 지극히 일상적이어서 그 중요성을 잊고
지냈던 말과 글, 즉 키워드가 우리의 삶을 완전히 변화시킬 수 있다는 사
실을 알았다면 변화의 첫 계단에 올라선 것이다.

🔑 키워드의 의미

우선 '키워드'(Keyword)의 사전적인 정의부터 살펴보기로 하자.

"데이터를 검색할 때에, 특정한 내용이 들어있는 정보를 찾기 위하여
사용하는 단어나 기호"(네이버 국어사전)

원하는 정보를 얻는 방법으로 이제 인터넷 검색만 한 것은 없다. 앞의 '키워드의 사전적 정의'는 인터넷 검색을 활용했다. 이 책의 다른 곳에서 보이는 모든 사전적 정의 역시 마찬가지다. 누군가 잘 모르는 것을 질문 하면 "네이버 씨에게 물어보라"는 말은 훌륭한 대답이 된다(외국에는 이와 비 슷한 '구글 박사님'이란 표현이 있다). 집에서 매일 먹을 수 있는 반찬에서부터 특 급호텔에서나 맛볼 수 있는 요리에 이르기까지 네이버 씨는 친절하게 레 시피를 제공한다. 큰 사고를 당하거나, 중병에 걸리지 않았다면 자신의 몸에 나타나는 증상에 대해서도 간단한 검색을 통해 자가 진단할 수 있는 세상이 되었다. 이렇게 무궁무진한 정보의 바다에서 무엇인가를 건져내 려면 반드시 필요한 것이 있다. '키워드'다. 키워드라는 미끼를 검색 창에 적고 엔터 키(enter key)를 누르면 셀 수 없는 정보가 화면 가득 걸려 올라온 다. 심지어 원하지 않는 정보까지 말이다.

키워드를 문자적으로 풀어보면 '열쇠가 되는 단어'쯤으로 해석할 수 있 겠다. 여기서 단어는 말을 만드는 최소의 단위다. 그렇다면 앞으로 이 책 에서 사용할 키워드라는 표현은 틀린 것이 된다. 단어뿐만 아니라 구절(句 節) 혹은 문장(文章)까지도 키워드라고 표현하기 때문이다. 이런 이유로 처 음에는 일본의 베스트셀러 작가인 사이토 다카시(齋藤孝)가 〈시간 관리 혁 명〉(예인, 2015)에서 쓴 '키구절'이라는 용어를 쓰려고 했다. 그는 구절과 단 어의 차이를 나카지마 아쓰시(中島敦)의 〈산월기〉(山月記)를 예로 들며 설명 한다.

"이 작품의 개성을 결정짓는 구절 중 하나는 그 유명한 '겁쟁이 자존심' 이라는 구절이다. 하지만 '겁쟁이'와 '자존심'이라는 단어는 따로따로 주목하면 흔하디흔한 단어라서 평범한 인상밖에 받지 못한다."

문장의 독창성은 각각의 단어가 아니라 단어의 조합을 통해 나온다는 의미다. 사이토 다카시는 이런 단어의 조합을 '키구절'이라고 불렀다. 그러나 키구절이라는 표현이 낯설고 어색한 데다, 영어와 한자가 조합되어 억지스러움이 느껴졌다. 결국, 약간의 무리가 있기는 하지만, 단어와 구절, 그리고 문장, 이 모두를 포함해서 '키워드'라는 말로 통합하여 사용하기로 했다.

사람이 쓰는 말은 '누가, 어디에서, 어떻게 활용하는가'에 따라 의미나 해석이 달라진다. 언어란 사용하는 사람들끼리의 약속이기 때문이다. '입버릇', '수다', '구라'는 말을 나타내는 다른 표현들이다. 이런 표현들이 약속에 따라 어떻게 의미를 달리하는지에 대해 살펴보며 '키워드'의 사용 근거를 찾아보기로 하자.

말에는 습관이 있을까? 당연하다. 사람들은 저마다 자주 쓰는 말이 있다. 입에 너무 익어서 자신이 어떤 말 습관을 가졌는지 느끼지 못할 뿐이다. 이런 말의 습관을 우리는 '입버릇'이라고 부른다. '입버릇'이라는 표현에는 다소 부정적인 의미가 들어 있다. '입버릇이 고약하다', '입버릇이 나

쓰다' 따위로 사용되기 때문이다. 그러나 〈기적의 입버릇〉(중앙북스, 2010)을 쓴 일본의 유명 강연가 사토 도미오(佐藤富雄)는 이 키워드에 긍정적인 힘을 부여하자고 제안한다.

'무기력과 불행에 빠져 습관적으로 내뱉는 앓는 소리가 아니라, 자신에게 용기를 불어 넣고 희망을 키우는 의미로 발전'시키자는 것이다. 이제까지 부정적인 의미로 입버릇이란 표현을 사용하던 사람도 사토 도미오의 의견을 받아들이는 순간 입버릇을 긍정적인 의미로 까지 해석이 가능해진다. 약속이 바뀐 것이다.

'수다'는 원래 '쓸데없이 말이 많다'는 의미로 쓰인다. '수다 떤다'는 표현을 들으면 교양없이 시끄럽게 떠들어 대는 모습을 쉽게 연상할 수 있다. 여간해서 좋은 의미로 받아들여지지 않는 표현이다. 이런 부정적인 의미의 수다에 대한 해석을 바꿔보자는 사람이 있다. 한국의 움베르토 에코(Umberto Eco)라 불리는 인문학자 김용규다.

"……각자 즐기는 커피나 음료를 한 잔씩 앞에 놓고 당신과 내가 함께 시를 읽으며 다시 한번 수다를 떨자는 거지요. 수다라, 이것을 쓸데없는 이야기라, 부질없는 잡담이라 여기지 맙시다. 내 생각엔 수다를 떠는 가운데 인류는 문학을, 철학을 그리고 종교를 갖게 되었으니까요. 특별히 카페에서 떠는 수다는 애초부터 생산적이었지요."[1]

루소, 볼테르, 몽테스키외, 디드로, 피카소, 모딜리아니, 헤밍웨이, 사르트르, 보부아르와 같은 작가, 화가, 철학자들이 카페에 모여 수다를 떨며 예술과 철학의 길을 개척했다는 게 김용규의 설명이다. 그야말로 수다의 엄청난 신분상승이 이루어졌다.

말을 뜻하는 또 다른 표현 중에 '구라'가 있다. 입버릇, 수다에 비교해도 가장 부정적으로 사용되는 키워드다. '구라'는 '거짓말'이라는 의미에 가깝다. 실제 사전은 '거짓말을 비속하게 이르는 말'이라고 설명한다. 과연 구라도 수다와 같은 신분상승을 이뤄낼 수 있을까?

구라의 다른 의미를 시인 원재훈이 쓴 〈단독자〉(올림, 2014)에서 찾았다. 저자는 책에서 '조선의 3대 구라'를 소개한다. 설명 없이 읽는다면 '조선의 3대 거짓말쟁이'가 된다. 이 3대 거짓말쟁이는 백기완, 황석영, 그리고 방배추로 알려진 방동규다. 선생들의 면면을 굳이 설명하지 않아도 그들에게 구라라는 표현을 쓰는 건 큰 실례가 아닐 수 없다. 원재훈은 자신을 3대 구라 중 한 명이라고 말하는 방동규 선생의 말을 옮겨 적고 있다.

"……구라는 옛날에는 아주 부정적인 말이었어. 사기꾼, 거짓말만 잘하는 사람에게 '구라 친다'고 하잖아. 백기완이나 황석영, 나를 뭐 '조선의 3대 구라'라고들 호사가들이 말하는데, 앞으로 나는 구라 대열에서 빠졌으면 좋겠어. 황석영의 파란만장한 인생과 소설, 백기완의 정치적인 신념들이 인생과 합쳐지면 말의 힘이 진정성을 가진다는 건데. 난 그런 삶들에 비해서 뭐 가진 게 없잖아. 이젠 나 대신에 새로운 인물들이 등장해야지. 예를 들면 유홍준 교수 같은 사람이 이젠 진짜 조선의 구라야."

방동규 선생의 이 말에 원재훈은 구라의 의미에 대해 다음과 같이 설명하며 '조선의 3대 구라'에 대한 위상을 높인다.

"구라는 누가 어떤 말을 하느냐에 따라 그 의미가 확연히 달라진다. 내 생각에 구라는 허풍, 사기의 이미지를 완전히 걷어버리고 근사한 인생 철학이 들어 있는 긍정적인 뜻이다."[2]

어떤가? 이제 입버릇도, 수다도, 구라도 완전히 새로운 의미로 다가오지 않는가? 이렇게 중언부언하듯 단어가 갖는 새로운 의미에 관해 설명하고 있는 이유는 앞으로 우리가 사용할 '키워드'라는 표현 때문이다. 어떤 사람은 '키워드라면 그저 단어를 의미하는 것이지 구절이나 문장은 아니지 않으냐'고 반문할 수도 있다. 그러나 이제부터 이 책에서 쓰이는 '키워드'는 한 단어 일 수 있고, 짧은 구절일 수 있으며, 때로는 문장이 될 수도 있다. 글을 쓰고 있는 나와 읽는 독자가 그렇게 약속하자는 뜻이다.

"키워드는 누가 어떻게 쓰느냐에 따라 그 의미가 확연히 달라진다. 내 생각에 키워드는 단순히 단어라는 이미지를 완전히 걷어 버리고 우리의 삶을 근사한 인생으로 이끌어 줄 수 있는 구절이나 문장이 포함된 포괄적인 뜻이다."

앞에 소개한 원재훈의 글을 살짝 바꿔보았다. 단어나 말은 약속으로 여러 가지 의미로 사용할 수 있음을 설명하며 키워드가 갖는 포괄적 의미의 근거를 찾아보았다. 단, 앞으로 쓰일 키워드는 가능하면 짧을수록 좋다는 것만 기억해두자.

알리바바는 금은 보화가 들어 있는 동굴 문 앞에서 '열려라 참깨'라는 주문을 외쳤다. 이 주문이 문을 여는 열쇠, 즉 키워드였던 거다. 그렇다. 키워드는 우리의 생각과 행동을 변화시켜 새로운 인생의 문을 열어줄 열쇠가 되어 줄 것이라 확신한다.

제4차 산업혁명시대에
인재로 살아남는 힘

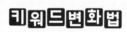

왜 키워드인가

🔑 제4차 산업혁명이 가져올 변화

"많은 미래기술과 산업 중에서 가장 유망한 것은 무엇인가요?"

"저는, 우리 회사는 어떤 것을 미래 먹을거리로 삼아야 할까요?"

"어디에 투자하는 것이 가장 유망할까요?"

"삼성 같은 한국 기업이 미래에도 살아남으려면 어떤 방향을 선택해야

할까요?"[1]

미래학자 최윤식이 〈2030 대담한 미래〉(지식노마드 2013)와 〈2030 대담한
도전〉(지식노마드 2016)을 출간 후 가장 많이 받는 질문이라고 한다. 미래에
대한 걱정과 두려움이 내포된 질문이다. 현대를 사는 사람이라면 너나 할
것 없이 모두 궁금한 질문이 아닐 수 없다.

세상은 그 속도를 가늠하기 어려울 정도로 빠르게 변화하고 있다. AI(Artificial Intelligence, 인공지능)와 로봇이 주도하는 제4차 산업혁명시대는 삶의 전반에 걸쳐 큰 변화를 이끌어 올 것으로 전망된다. 전문가들은 오래지 않은 미래에 무인자동차가 도로를 질주하고, 병원에서는 의사가 아닌 슈퍼컴퓨터 혹은 로봇이 환자를 진료하리라 예측하고 있다. 현재 초등학교에 입학하는 65%의 아이들은 지금은 존재하지 않는 완전히 다른 직업을 갖게 될 것이라고 2016년에 열린 세계경제포럼(이하 다보스 포럼)에서 보고되기도 했다. 지금과는 전연 다른 삶이 펼쳐질 것이라는 뜻이다.

과학기술의 발달이 주도하고 있는 이러한 변화는 한 개인의 삶을 넘어 경제, 사회, 문화 전반에 걸쳐 폭넓게 영향을 끼치게 될 것이다. 그리고 그 변화는 우리가 상상하기 어려울 정도로 엄청날 것이라는 게 대부분 전문가의 공통된 의견이다. 문제는 이러한 변화가 긍정적인 면만 있지 않다는 데 있다. 전문가들이 말하는 제4차 산업혁명이 초래할 변화의 부정적인 측면 중의 하나가 양극화, 즉 사회계층 간의 불평등 심화다. 이는 변화에 의한 혜택이 일부 소수 사람에게만 몰리게 될 우려가 있다는 의미다. 시대의 변화에 능동적으로 대처하지 못한다면 미래 시대가 주는 혜택을 보장받기란 쉽지 않은 일이 된다. 그렇다면 변화의 시대를 주도하고 변화의 혜택에서 소외되지 않기 위해서는 어떤 준비와 노력이 필요할까? 이에 대한 전문가들의 의견을 들어보자.

"이렇게 새로운 트렌드가 지속해서 발생한다면, 저 숙련 노동력이나 평범한 자본을 가진 사람들이 아닌, 새로운 아이디어와 비즈니스 모델, 상품과 서비스를 제공하는 등 혁신이 주도하는 생태계에 완벽히 적응할 수 있는 능력을 갖춘 사람들이 승자가 될 것이다."[2]

"능력주의 관점에서 볼 때 소득 불평등이라는 말은 스스로 실력을 강화해야 한다는 의미로 바뀔 것이다. 자신의 노력으로 가난에서 벗어나는 사람이 꾸준히 생기겠지만, 자칫 이런 흐름은 뒤처진 사람들을 무시하게 만들 수 있다. 부유한 계층은 자발적으로 동기를 부여하고 노력하는 특성이 강화될 것이며 갈수록 큰 영향력이 있게 될 것이다. 이들의 가치관이 대중의 담론을 좌우할 것이며, 그만큼 사회 전체적으로 개인의 야망과 자발적 동기부여가 강조될 것이다."[3]

"4차 산업혁명은 현재의 불평등을 더 심화시킬 것입니다. 이미 준비된 기업가, 재능 있거나 혁신을 추구하는 사람들은 4차 산업혁명을 통해 승리하겠지만 다른 편에 있는 사람들, 특히 뒤처진 이들은 패배할 것입니다."[4]

안타깝지만 이런 양극화로 인한 불평등은 우리의 자녀 세대에나 있을 먼 이야기가 아니다. 현재를 사는 우리 세대의 여러 분야에서 이미 사회 문제로 대두하고 있다. 이런 시대에 도태되지 않고 경쟁력을 갖기 위해서는 다가올 변화를 맞닥뜨리는 개인에게 달려있다고 전문가들은 입을 모은다. 다시 말해 기술혁명이 주도할 놀라운 시대의 변화를 통찰하고, 새로운 아이디어로 자신만의 경쟁력, 문제 해결 능력을 갖추어야 도태되지 않고 승리자가 될 수 있다는 뜻이다. 한마디로 줄이면 '변화해야 한다'는 것이다.

제4차 산업혁명 시대에는 명문대 졸업장과 같은 훌륭한 스펙이나 대기업에 다닌다는 것이 인재의 조건이 될 수 없다. 오히려 매일 새로운 도전과 시도로 자신을 계발하고, 끊임없이 자신을 변화시키는 것이 제4차 산업혁명시대에 맞는 인재의 조건이다. 그렇다면 어떻게 변화를 이끌어 낼 것인지가 숙제로 남는다. 사람이라면 누구나 끌려다니기보다는 이끌어가기를 소망하기 때문이다. 변화를 통해 내 속의 무궁무진한 가능성을 이끌어내기 위해서는 무엇보다 자신만의 변화 방법과 변화 도구를 찾아낼 필요가 있다.

🔑 변화의 방법, '키워드'

'왜 키워드인가?'

이 질문에 대한 답은 당연히 변화하기 위해서다. 앞에서 살핀 제4차 산업혁명이 초래할 부정적 측면인 양극화, 불평등의 시대에 도태되지 않고 살아남은 인재가 되기 위해서는 '지금, 여기'에서 변화를 시도해야 한다. 앞서 다보스 포럼에서는 '현재 초등학교에 입학하는'이라는 모호한 표현을 썼지만, 이는 우리나라의 학제를 기준으로 10~15년 정도가 남았을 뿐이다. 10~15년이라는 시간을 '아직 먼 이야기'라며 여유롭게 생각할 수 없는 이유는 바로 시간의 비밀 때문이다.

　"우리의 연수가 칠십이요, 강건하면 팔십이라도 그 연수의 자랑은 수고
　와 슬픔 뿐이요, 신속히 가니 우리가 날아가나이다."(시편 90:10)

　세월의 빠름과 인생의 수고로움, 무상함을 표현하고 있는 성경구절이다. 시편 90편은 모세가 기록했다고 전해진다. 홍해의 기적으로 유명한 그 모세다. 지금부터 약 3,500여 년 전을 살았던 모세에게도 시간은 날아갈 정도로 빠르게 느껴지는 것이었나 보다.

　현재 자신의 나이에서 팔십 세가 되려면 얼마의 시간이 남았는지 계산해보자. 이제 본격적인 '100세 시대'가 열렸으니 100세로 계산해도 좋겠다(제4차 산업혁명은 인간의 수명을 단계적으로 120세, 150세까지 끌어올릴 것으로 전망된다). 만약 당신이 30대라면 100세를 산다고 가정했을 때 아직도 70년 가까운 시간이 남아 있다. 까마득한 시간이다. 나이가 젊을수록 까마득한 시간이 길어지는 것은 당연한 일이다. 그렇다면 80, 90대로 시선을 옮겨

보자. 80, 90대 노인의 입장이 되어 보자는 거다. 과연 노인은 자신이 살아온 80, 90년의 세월을 까마득한 시간으로 느낄 것인가 하는 말이다. 그럴 수 없다. 나는 아직 죽음을 가까이 둔 노인이 '질리도록 긴 시간이었다', '시간이 너무 안 가서 죽는 줄 알았다'고 말하는 것을 들어본 일이 없다. 노인이 느끼는 80년 혹은 90년이라는 시간은 아마 '눈 깜짝할 사이'였을 게 분명하다.

앞으로 다가올 80, 90년은 바라보기에 까마득하다. 그러나 지나간 후에 돌아보는 그 시간은 '시위를 떠난 화살처럼 빠른 것'이 시간이다. 이것이 내가 말하는 시간의 비밀이다. 마치 마법과도 같다. 인생에 후회가 생기는 이유는 바로 시간의 비밀 때문이다. 남아 있는 시간이 너무 많아서 해야 할 일을 조금 미룬 것뿐인데 어느 순간 시간은 훌쩍 도망가버리고 만다. 시간의 마법에 걸려 시간을 흘려보낸 뒤, 후회하지 않으려면 '지금, 여기'에서 새로운 변화의 시도가 필요하다. '공부해야지', '운동해야지', '새로운 것에 도전해야지'라는 생각만 하다가 미뤄놓은 변화 말이다.

지금까지와 다른 삶을 사는 것, 다른 행동을 하며 사는 것. 그것이 변화다. 사람들은 왜 이토록 중요하고 필요한 변화를 힘들어하는 것일까? 그 이유에 대해 심리학자 알프레드 아들러(Alfred Adler)의 이야기를 들어보자.

"사람들이 좀처럼 자기 자신을 바꾸지 못하는 이유는 변화를 '죽음 그 자체'라고 생각하기 때문이다. 즉, '지금까지의 나'를 포기하고, '지금까지의 나'가 다시는 얼굴을 내밀지 않도록, 말하자면 무덤에 묻는 것을 의미한다. 그렇게 해야 겨우 '새로운 나'로 다시 태어날 수 있기 때문이다. 그러나 현실에 불만이 있다고 해서 '죽음'을 택할 수 있을까? 그래서 인간은 변하지 않으려고, 아무리 괴로워도 '이대로 좋다'고 생각하는 것이다. 지금 처해 있는 상황을 긍정할 수 있도록 '이대로 좋은' 이유를 찾으면서 살아가는 것이라는 뜻이다."[1]

변화가 이렇게 어렵다. 죽는 것만큼이나 두려운 일이다. 그래서 '힘들다, 어렵다, 나이 들었다, 돈이 없다, 아직 시간이 많다'는 이유로 변화는 먼지가 소복이 쌓인 채 인생의 한구석에 방치된 건지도 모른다. 어느 순간 먼지를 털고 변화를 꺼내 들었을 때 이미 시간이 화살처럼 빠르게 지나가 버린 후라면 안타까운 일이 아닐 수 없다.

개인이든 조직이든 변화에 대한 필요성을 절감하면서도 쉽게 달라지지 못하는 이유에 대해 심리학박사인 이민규는 〈변화의 시작, 하루 1%〉(끌리는책, 2015)에서 다음의 세 가지로 설명한다.

첫째로 인간은 현재 상태를 유지하려는 강한 본능을 갖고 있기 때문이라는 것이다. 인간은 고집스러운 존재이며, 고통이 따르지 않는 한 변화를 시도하려 들지 않는다고 말한다. 둘째로 변화를 너무 거창하게 계획하고, 지나치게 어렵다고 생각하기 때문이라는 이유를 꼽는다. 이루려는 변화가 너무 거창하고 어렵다 보니 엄두를 내지 못하고 시작도 하기 전에 포기해버린다는 뜻이다. 마지막으로 변화하지 않는 이유는 사람들이 변화를 위한 효과적인 방법을 모르기 때문이라는 것이 이민규의 설명이다.

　이 중에서도 마지막 세 번째가 변화를 원하면서도 쉽게 시도하지 못하는 중요한 이유라 생각했다. 자동차가 고장났을 때 카센터로 가는 이유는 차를 고치는 방법을 알고 있는 정비기사들이 그곳에 있기 때문이다. 방법을 아는 사람에게는 쉽고, 간단한 문제도, 방법이 없거나 모르는 사람은 힘들고 어려울 수밖에 없다. 변화도 마찬가지다. 변화를 원한다면 무엇보다도 변화할 방법을 찾아내는 것이 우선되어야 한다. 나는 변화의 방법으로 '키워드'를 찾아냈다. 고장 난 자동차처럼 움직이지 않고 서 있는 나 자신을 이제는 더 이상 두고 볼 수 없었기 때문이다.

🔑 변화의 도구, '키워드'

"광야는 하루가 다르게 변화한다. 오늘 있던 모래 언덕이 내일이면 사라지는 경우가 허다하기 때문이다. 광야를 지날 때는 모든 것이 불확실하다."[1]

인생을 광야, 즉 사막에 비유한 표현이다. 인생이 변화무쌍하고 불확실한 광야와 닮아있다는 얘기다. 〈광야를 읽다〉(두란노서원, 2015)의 저자인 이진희는 "광야에서는 성공이나, 정상에 오르는 것이 목표가 될 수 없다"고 강조한다. 인상적인 표현이 아닐 수 없다. 우리가 그토록 원하고 바라는 '성공하는 것'이 목표가 아니라니.

그렇다면 광야에서의 목표는 무엇일까? 광야에서의 목표는 다름 아닌 '살아남는 것', 즉 '생존'이다. 성공보다 목숨이 더 소중하기 때문이다. 그렇다면 변화무쌍한 광야에서 살아남기 위해 우리가 해야 할 일은 무엇일까? 바로 변화에 대한 대처와 변화에 대한 적응이다. 그런 면에서 광야가 인생과 닮아있다고 이진희는 말한다. 하루하루 펼쳐지는 광야 같은 삶에서 살아남으려면 변화 외에는 방법이 없다.

변화가 어렵다고는 하지만, 그렇다고 불가능한 것도 아니다. 어느 날, 시드니 M. 로스(Sydney M. Ross)라는 제자가 스승인 아들러(Adler)에게 이렇게 물었다.

"몇 살 정도가 돼야 성격을 바꾸기에 너무 늦은 나이라고 볼 수 있습니까?" 그러자 아들러가 말했다.

"죽기 하루 이틀 전이려나."[2]

변화는 본인의 의지에 따라 죽는 그 날까지도 가능하다고 아들러는 조언한다. 결국, 변화는 각 개인 앞에 놓인 선택의 문제라는 얘기가 된다.

우리 앞에 두 개의 길이 있다고 치자. 하나는 넓고 평탄한 길이고, 다른 하나는 거칠고 힘겨운 언덕길이다. 이 두 개의 길이 우리의 인생길이라면 당신은 어떤 길을 선택하겠는가? 답이 뻔한 질문이다. 거칠고 힘든 길을 선택할 바보는 없기 때문이다. 그렇다면 이제 질문을 바꿔보자. 당신의 몸을 건강하고 튼튼하게 단련시키고 싶다면 두 개의 길 중에 어떤 길로 가야 하겠는가? 주말이면 전국 각지의 산이 등산객으로 북적거리는 장면을 떠올린다면 이 질문의 답도 뻔해진다.

고진감래(苦盡甘來).

과정이 힘겨울수록 그 열매가 아름답고 값지다는 것을 교훈하는 한자 성어다. 변화도 이와 같다. '그냥 이대로' 살기는 쉽고 평범한 길이다. 반면에 '새로운 나'로 변화하는 것은 어렵고 힘든 길이다. 파울로 코엘료(Paulo Coelho)는 〈브리다〉(문학동네, 2010) 서문에 다음과 같이 적었다.

"사람들은 각자 자기의 삶에서 두 가지 태도를 보일 수 있다고 생각합니다. 건물을 세우거나, 혹은 정원을 일구거나. 건물을 세우는 사람들은 그 일에 몇 년이라는 세월을 바치기도 하지만, 결국 언젠가는 그 일을 끝내게 됩니다. 그리고 그 일을 마치는 순간, 그는 자신이 쌓아 올린 벽 안에 갇히게 됩니다. 건물을 세우는 일이 끝나면, 그 삶은 의미를 잃게 되는 것입니다. 하지만 정원을 일구는 사람도 있습니다. 그들은 몰아치는 폭풍우와 끊임없이 변화하는 계절에 맞서 늘 고생하고 쉴 틈이 없습니다. 하지만 건물과는 달리 정원은 결코 성장을 멈추지 않습니다. 또한, 정원은 그것을 일구는 사람의 관심을 요구하는 동시에 그의 삶에 위대한 모험이 함께할 수 있도록 해줍니다."

건물을 짓는 일 역시 쉬운 일은 아니다. 그러나 그것은 일회성에 그치는 일이다. 세상이 딱 한 번만 변해도 살 수 있는 것이라면 문제는 없다. 그러나 세상은 광야처럼 시시각각 변한다. 그런 변화에 대처하기 위해 코엘류는 정원을 가꾸는 사람이 되라고 충고하는 것이다.

정원을 가꾸는 일은 뜨거운 태양이나 폭풍우와 싸워야 하는 힘겨운 작업이다. 피부는 검게 그을리고, 손에는 굳은살이 생기게 마련이다. 그러나 열심과 정성을 다해 정원을 돌보는 사람에게 정원은 해마다 아름다운 꽃과 새로운 열매를 선물한다. 정원사의 성실한 발걸음이 멈추지 않는 한 정원은 절대 낡거나 퇴화하지 않는다. 인생이라는 정원을 낡고 퇴화시키지 않으려면 손에 연장을 들고 정성껏 가꾸어야 한다. 힘겨운 변화의 길로 들어서야 하는 거다. 정원을 가꾸는 데 연장이 필요하다면 우리의 인생을 가꾸는 도구가 바로 키워드다.

장황하게 변화의 필요성에 관해 이야기했지만, 그것을 모르는 사람은 없다. 그래서 저마다 변화를 위한 여러 가지 시도를 하는 것이다. 안타까운 것은 많은 사람이 변화의 시도를 중도에 포기하는 경우가 많다는 데 있다. 이는 변화의 방법을 제대로 모르거나, 변화의 도구를 갖고 있지 않기 때문이다.

나 역시 마찬가지였다. 셀 수 없을 만큼 많은 변화를 시도했지만, 번번이 실패했다. 그때마다 돌아온 것은 스스로에 대한 실망감이나 자괴감 같은 것들이었다. 그렇게 실패 만을 거듭하던 내가 지금은 변화에 대한 글을 쓰는 사람이 되어 있다. 이것 자체가 놀라운 변화다. 어떻게 하면 변화할 수 있는지 방법을 알아냈기 때문이다. 또한, 변화의 도구를 손에 쥐고 있기 때문이다. '키워드'가 그것이다. 한 사람의 인생이 걸린 변화에 대한 얘기인데 '키워드'는 너무 작고 초라하게 느껴질지 모르겠다.

AOL의 공동창업자인 스티브 케이스(Steve Case)는 이런 말을 했다.

"세상을 완전히 바꾼 기술이나 혁신적 아이디어는 처음에는 아주 작게 보인다. 단순히 흥미로운 사건이나 마술처럼만 보인다. 거의 모든 사람이 그 잠재력을 전혀 이해하지 못한다. 세상을 바꿀 추진력을 발휘하려면 시간도 많이 필요하다. 하지만 힘을 얻는 순간부터는 상상을 초월하는 거대한 변화를 일으킨다."[3]

이 책을 읽는 모든 사람이, 작고 초라해 보이는 키워드의 잠재력을 발견하여 상상을 초월하는 인생의 거대한 변화를 경험할 수 있으면 좋겠다. 키워드는 변화의 좋은 방법이자 도구가 되어줄 것이다. 나에게 그랬던 것처럼.

제4차 산업혁명시대에
인재로 살아남는 힘

어떻게 찾을까

WORD

🔑 널려있는 키워드

'널려있다'는 표현이 딱 맞는다. 우리가 숨을 쉴 수 있는 것은 눈에 보이지 않지만 대기에 가득 차있는 공기 때문이다. 마찬가지다. 키워드는 대기에 떠다니는 공기처럼 우리 주위를 배회하고 있다. 단지 곳곳에 널려있고, 손만 뻗으면 잡을 수 있는 그 많은 키워드를 내 것으로 만들지 않았을 뿐이다.

사람은 하루에 몇 개의 단어를 사용하며 살고 있을까? 이에 대한 견해는 발표하는 곳에 따라 차이가 있다. 성인을 기준으로 남성이 하루 2~4천 개의 단어를 사용하고, 여성은 6~8천 개의 단어를 사용한다는 의견이 있다. 그런가 하면, 남성은 하루 1만 단어 정도를 사용하고, 여성은 2만 5

천 단어 이상을 사용한다는 견해도 있다. 어쨌든 남성보다 여성이 두 배가 넘는 단어를 사용한다는 데에는 큰 이견이 없다. 다음은 이에 관련한 재미있는 유머다.

신문을 읽던 남편은 '하루에 남자는 15,000단어, 여자는 30,000단어를 사용한다'는 내용의 기사를 아내에게 읽어주었다. 남편의 말에 아내는 이렇게 대답했다.

"왜 그런지 알아요? 여자들은 남자들과 말할 때 했던 말을 되풀이해서 말해줘야 하거든요."

그러자 남편은 아내에게 되묻는다.

"뭐라고?"

A husband reading a newspaper drew his wife's attention to an article about how many words women use a day……30,000 words to a man's 15,000. The wife replied. "Do you know why the reason has to be because we women have to repeat everything to men……." The husband then turned to his wife and asked. "What?"[1]

나는 지금 이 글을 마이크로 소프트 워드(이하 MS 워드)를 이용해서 쓰고 있다. 25쪽(A4 기준)째를 쓰고 있는 현재까지 6,000개가 조금 넘는 단어가 사용됐다(MS 워드는 쓰고 있는 페이지 수와 단어의 수를 하단에 표시해 보여준다). A4 출력 용지를 기준으로 25쪽을 썼음에도 불구하고 아직 남성이 하루 평균 사용한다는 1만 단어에 턱없이 부족한 상태다. 우리가 매일 얼마나 많은 말을 하며 살고 있는지 짐작할 수 있을 것이다. 쉽게 말해 한 여성이 하루 동안 하는 말(25,000~30,000단어 기준)을 글로 적어 낸다면 200쪽이 넘는 책한 권이 만들어진다는 얘기다. 여기에 하루에 읽는 글을 포함한다면 책은더 두꺼워진다. 말과 글을 통해 우리가 하루에 접하는 단어의 수는 실로 엄청나다는 사실을 말하고 있는 거다.

이렇게 우리 주위에는 셀 수 없을 정도의 많은 단어, 즉 키워드로 넘쳐 난다. 이제까지 이 많은 키워드를 무의미하게 흘려보냈다면 눈을 부릅뜨 고 새롭게 바라볼 필요가 있다. 정일권 시인의 시 〈신문지 밥상〉을 읽어 보자.

더러 신문지 깔고 밥 먹을 때가 있는데요
어머니, 우리 어머니 꼭 밥상 펴라 말씀하시는데요
저는 신문지가 무슨 밥상이냐며 구시렁구시렁하는데요
신문질 신문지로 깔면 신문지 깔고 밥 먹고요
신문질 밥상으로 펴면 밥상 차려 밥 먹는다고요

따뜻한 말은 사람을 따뜻하게 하고요
따뜻한 마음은 세상까지 따뜻하게 한다고요
어머니 또 한 말씀 가르쳐 주시는데요

해방 후 소학교 2학년이 최종 학력이신
어머니, 우리 어머니의 말씀 철학

　주위의 사물을 어떻게 바라보는가에 따라 하찮은 신문지도 밥상이 될 수 있다고 시인은 말한다. 매일 사용하는 말이니까, 늘 읽고 보는 글이니까, 무심코 지나쳤다면 그 속에 담긴 보화들을 놓쳐 버렸다고 해도 틀린 말은 아니다. 보물과 같은 키워드를 구깃구깃 구겨서 쓰레기통에 던져 버린 것이다. 이유는 한 가지다. 널려 있기 때문이다. 너무 흔하고 많아서 중요하게 여기지 않았던 거다. 널려 있는 키워드를 한 번 읽고 버리는 신문지로 볼 것인지, 아니면 인생을 살찌울 밥과 반찬을 올려놓는 밥상으로 볼 것인지는 전적으로 자신에게 달려 있다.

🔑 관심 두고 바라보기

흔하게 널려있는 말과 글에서 어떻게 나만의 키워드를 찾아낼 수 있을까? 답은 의외로 간단하다. 주위의 수많은 키워드를 그냥 흘려보내지만 않으면 된다.

나는 수년째 같은 길로 운전하며 출퇴근을 한다. 그런데 문득 '앗, 저런 게 저기 있었나'라고 놀랄 때가 있다. 당연히 주의를 기울여 바라보지 않았기 때문에 생기는 일이다. 우리가 얼마나 주변의 것들에 무관심한지 실험을 하나 해보자. 준비되었다면 먼저 눈을 감아 보자. 그리고 자신이 현재 있는 곳에 파란색으로 된 물건을 떠올려보자. 몇 개나 떠올릴 수 있었는가? 이제 눈을 뜨고 고개를 돌려 파란색 물건을 찾아보자. 생각지도 않았던 데에서 파란색의 물건을 찾을 수 있었다면 이 실험은 성공이다.

우리가 눈으로 볼 수 있는 양은 지극히 제한될 수밖에 없다. 따라서 사람은 자신에게 필요하고, 관심 있는 부분만 골라서 보도록 길들어 왔다. 유명한 '고릴라 실험'은 이런 우리의 제한된 시선에 대해 증명해주는 재미있는 실험이다.

유니언칼리지(Union College)의 크리스토퍼 차브리스(Christopher Chabris) 교수와 일리노이 대학(University Illinois at Urbana Champaign) 대니얼 사이먼스(Daniel Simons) 교수가 1999년 실시한 이 실험은 비교적 단순한 방법으로 진행되었다. 피실험자들에게 짧은 영상 한 편을 보게 하는 것이 전부였다.

흰색 티셔츠와 검정색 티셔츠를 입은 사람들은 농구공 하나씩을 들고 패스를 준비하고 있다. 신호와 함께 자리를 움직여가며 같은 옷을 입은 사람에게 패스를 시작한다. 정해진 시간이 끝나면 패스를 멈추고 영상도 끝이 난다. 영상을 보기 전, 피실험자들은 다음과 같은 과제를 부여받았다. '흰색 옷을 입은 사람들이 총 몇 번의 패스를 주고받는지 세어보라'는 것이다. 검정 옷을 입은 사람들이 섞여 자기들끼리 패스를 주고받는 바람에 혼란스럽기는 하지만 대부분 피실험자는 패스 횟수를 정확하게 맞춰낸다. 이제 실험을 진행한 교수들은 피실험자들에게 한가지 질문을 더 던진다. "영상에서 고릴라를 보았느냐"는 것이다. 그러자 실험 참가자의 절반 이상이 '영상에 언제 고릴라가 나타났었느냐'며 당황해 한다. 놀랍게도 영상에는 고릴라 복장을 한 배우가 고릴라처럼 가슴을 두드리며 지나가도록 연출되어 있었다(영상의 내용이 궁금하다면 인터넷 검색 창에 '고릴라 실험'으로 조회하면 쉽게 찾을 수 있다).[1]

관심을 기울이지 않으면 우리 곁의 수많은 키워드는 영상 속의 고릴라처럼 스쳐 지나가버리고 만다. 만약 그렇게 지나쳐버린 키워드가 우리의 인생을 바꿔줄 수 있는 변화의 방법이자 도구였다면 안타까운 일이 아닐 수 없다. 이렇게 키워드에 대한 집중을 강조할 때면 나는 '관심의 안테나를 세우라'는 표현을 자주 쓴다. 이는 사이토 다카시의 '항상 영감을 얻으려는 자세'와 같은 표현이다.

"텔레비전 외에도 우리 주변에는 아이디어의 원천이 넘쳐난다. 길거리에서 우연히 눈에 띈 물건, 전철 안에 설치된 각종 광고, 우연히 귀에 들어온 주변 사람들의 대화 등 이 세상의 모든 것들이 아이디어의 원천이 될 수 있다. 그 속에서 순간적으로 떠오르는 발상들을 그때그때 모두 메모해 두면 훗날 귀중한 데이터베이스로 활용할 수 있다."[2]

관심만 집중한다면 우리의 일상에서 쉽게 아이디어나 영감을 얻을 수 있다는 얘기다. 키워드를 찾는 일이나, 아이디어를 얻는 방식에는 큰 차이가 없다. 무엇인가에 주의를 집중한다는 것이 처음에는 쉽지 않은 일이다. 쉽지 않은 일, 하지 않던 일을 하라고 하면 사람은 짜증스러운 마음이 들게 마련이다. 익숙하지 않기 때문이다. '처음부터 쉬운 일이란 없다'는 말을 하고 싶은 거다. 그러나 초보운전자가 훈련과 경험을 통해 숙달된 운전자가 되어가는 것처럼 관심의 안테나를 세워 키워드를 찾는 일 역시 그런 과정을 통해 익숙해져 갈 것이다.

장자(莊子)에는 백정 포정(庖丁)에 관한 이야기가 등장한다. 포정이 19년이나 갈지 않은 칼로 소 한 마리를 해체해내자 이를 보던 문혜군은 "어떻게 그런 경지에 이를 수 있었는가"라고 질문한다. 신기에 가까운 기술에 놀랐기 때문이다. 포정의 대답을 들어보자.

"제가 처음 소를 잡기 시작했을 때는 소가 전체로만 보였습니다. 3년 정도가 지나서부터야 소를 전체로 보지 않게 되었습니다. 이제는 소의 결을 이용해서 살과 뼈 사이의 큰 틈을 쪼개고, 그 틈에 칼을 넣어 자릅니다. 힘줄이나 근육을 무리하게 자르려 하지 않습니다. 하물며 뼈에 칼을 대는 일이 있겠습니까? 살을 자를 줄 아는 기술을 가진 백정은 일 년에 한 번 정도 칼을 바꿉니다. 그러나 평범한 백정은 매달 칼을 바꿔야 합니다. 뼈를 치기 때문이지요. 지금 저의 칼은 19년이나 갈지 않은 것입니다. 그동안 잡은 소가 수천 마리에 이르지만, 저의 칼날은 막 숫돌에서 갈아낸 것처럼 예리합니다."[3]

포정해우(庖丁解牛)라는 고사성어가 여기에서 나왔다. 오랜 훈련의 과정이 있었기에 포정의 기술은 신의 경지에 오를 수 있었다. 다행인 것은 키워드를 찾는 일은 소를 해체하는 것처럼 고도의 기술이 필요하지 않다는 점이다. 단지 키워드를 바라보며 '이 키워드가 내게 어떤 의미가 있을까' 하는 관심만 가지면 된다.

굳이 안테나까지 세워가며 키워드에 관심을 두라고 말하는 이유가 있다. 키워드는 내가 원한다고 찾아오는 것이 아니기 때문이다. 오스트레일리아의 전 총리 밥 호크(Robert James Lee Bob Hawke)는 "가장 중요한 일이 언제나 가장 큰 소리로 나를 부르는 것은 아니다"고 말했다.[4]

제4차 산업혁명이 주도하는 시대는 어제와 오늘이 다르다. 이런 시대를 살아가는 내가 어제와 같은 방식으로, 어제와 같은 생각을 하며 세상을 살아간다면 뒤처지는 것은 당연한 일이다. 오늘을 살아갈 새로운 가치를 찾는 일, 그것이 키워드에 관심을 두고 키워드를 찾는 이유다. 관심의 안테나를 세워 주위에 널려있는 키워드를 바라보자. 변화는 자신의 삶을 리딩하며 살아가는 인재들에게 반드시 필요한 과정이자 조건이기 때문이다.

🔑 의미 부여하기

이제 키워드에 의미를 불어넣어 주는 중요한 일이 남았다. 관심을 가지고 찾아낸 키워드가 나의 행동과 생각을 바꾸려면 '나만의 무엇'이 될 때 비로소 가능해진다. 나는 이것을 '의미 부여하기'로 표현한다. 우리가 너무 잘 알고 있는 김춘수 시인의 시 〈꽃〉에서 그 근거를 찾았다.

내가 그의 이름을 불러 주기 전에는
그는 다만
하나의 몸짓에 지나지 않았다.

내가 그의 이름을 불러 주었을 때

그는 나에게로 와서

꽃이 되었다.

내가 그의 이름을 불러 준 것처럼

나의 이 빛깔과 향기(香氣)에 알맞은

누가 나의 이름을 불러 다오.

그에게로 가서 나도

그의 꽃이 되고 싶다

우리들은 모두

무엇이 되고 싶다.

너는 나에게 나는 너에게

잊혀지지 않는 하나의 눈짓이 되고 싶다.

시인이 꽃을 사물이 아닌 하나의 의미로 받아들이는 데는 이름을 '부르
는' 과정이 있었다. 이름을 부르는 순간 무에서 유로 의미가 바뀐 것이다.
키워드 역시 마찬가지다. 세상을 떠도는 수많은 키워드가 의미 없는 울림
이나 표식이 아닌 내 몸과 마음으로 스며들어 행동을 변화시키려면 키워
드에 자신에게 맞는 의미를 부여해야 한다. 마치 작가가 키워드에 담긴
의미에 온 집중을 기울여 글을 쓰는 것과 같은 과정이다.

"(글 쓰는 사람은) 단어가 응축(凝縮)하고, 함축(含蓄)하고 있는 개념의 본질을 추적하는 사람이다. 단어 속에 담긴 특별한 뜻을 추적해서 그것을 표현하는 사람이다. 단어 속에 담긴 깊음의 세계를 추적하는 사람이 작가다. 글 쓰는 사람에겐 단어의 응축된 의미를 뿌리까지 캐 보려는 성스러운 집념이 필요하다. 뿌리까지 내려가 질문하려는 노력이 필요하다. 거기서 우리는 깊은 우물을 만나게 된다. 깊은 우물에서 생수를 맛보게 된다. 그 때 우리는 기쁨의 생수를 마시며 춤추고, 환희의 노래를 부르며 기뻐한다."[1]

기쁨의 생수를 마시며 춤추고 환희의 노래를 부르는 것은 작가에게만 부여된 특권이 아니다. 키워드를 통해 행동과 삶이 바뀌는 경험을 할 때 우리도 그런 환희를 느낄 수 있다. 그렇게 되기 위해서는 '키워드에 자신만의 의미를 담아낼 수 있어야!' 한다.

영화 〈굿바이 뉴욕, 굿모닝 내 사랑〉(City Slicker, 1991)을 나는 책으로 만났다. 게리 켈러와 제이 파파산이 함께 쓴 〈원씽〉에서다. 저자는 영화에서 가장 기억에 남는 인상적인 한 대목을 소개한다. 고집스러운 카우보이 '컬리'와 소몰이라고는 전혀 할 줄 모르는 도시남자 '미치'가 목장에서 탈출한 소떼를 찾기 위해 함께 길을 떠나는 장면이다. 티격태격 부딪히던 두 사람은 길을 가는 중에 마음이 통하게 되고 컬리는 미치를 향해 이렇게 질문한다.[2]

컬리 : 자네, 인생에서 성공하는 비결이 뭔지 아나?

미치 : 아니요. 모르겠는데요. 뭔데요?

컬리 : 바로 이거지(손가락 하나를 들어 올린다.)

미치 : 손가락이요?

컬리 : 하나. 단 하나(One thing, Just one thing). 그 하나만 끈질기게 해나가
면 다른 모든 일은 아무 의미가 없어지거든.

미치 : 그것참 대단하군요. 근데 그 '단 하나'가 대체 뭔데요?

컬리 : 그건 자네가 직접 알아내야지.

여기에서 컬리는 아주 의미심장한 한마디를 던지고 있다.

"그건 자네가 직접 알아내야지."

제아무리 훌륭하고, 탁월한 변화의 방법이나 도구도 자신의 것이 되지
않으면 소용이 없다. 성공한 사람들의 자기계발서를 수십 권 읽어도 그
들처럼 성공하지 못하는 이유와 마찬가지다. 내 것이 되지 않으면 아무런
의미가 없다는 말이다. 이 책을 읽으면서도 '변화의 방법으로 키워드가
있을 수 있겠다'는 생각 정도에만 그친다면 이 책은 당신의 소중한 시간
과 돈을 낭비하는 나쁜 책이 되고 만다. 주변에 널린 키워드에 의미를 부
여하고 생각과 행동의 변화를 일으킬 수 있으려면 컬리의 이 말 외에 다

른 방법은 없다.

"그건 자네가 직접 알아내야지."

🔑 키워드 찾기 실전 연습

그러면 어떻게 키워드를 찾고, 어떤 의미를 부여하여 생각과 행동을 변화시킬 수 있는지 사례를 들어 설명해보겠다. 나는 앞에서 책을 읽거나, 사람들과 이야기를 나눌 때, 그리고 혼자서 조용히 묵상하는 시간에 키워드를 찾는다고 적었다. 그중에서 책이나 잡지 혹은 신문을 읽으면서 키워드를 찾는 과정을 살펴보자. 다음에 제시되는 글은 국무조정실장을 역임하고, 아주대학교 총장을 거쳐 문재인 정부의 경제부총리 겸 기획재정부 장관으로 재직 중인 김동연 장관이 2012년 1월 〈중앙 SUNDAY〉 제254호에 게재한 글의 일부다. 안테나를 세우고 읽으며 자신만의 키워드를 찾아보자. '직접 알아내는 과정'이다.

톨스토이(Lev Nikalayevich Graf Tolstoy)는 인생에 관한 중요한 질문을 그의 단편들 속에서 던지고 있다. 재미있게도 질문의 수가 대부분 세 개다. 〈사람은 무엇으로 사는가〉에서는 천사 미카엘을 통해, 〈세 가지 질문〉에서는 왕을 통해 세 개의 의문을 제기한다. 가장 중요한 순간, 가장 중요한 사람 그리고 가장 중요한 일은 무엇인가. 수많은 신하와 학자들이 답을 제시하지만, 왕은 만족하지 못하고 직접 세상에 나가 답을 얻는다. 바로 '지금' '나와 함께 있는 사람'에게 '선을 행하는 것'이다.

베르베르도(Bernard Werber) 베스트셀러 〈개미〉에서 개미 여왕을 통해 세 가지 질문을 던진다. 가장 중요한 순간, 가장 중요한 일 그리고 행복의 비결은 무엇인가. 연방의 모든 개미와 토론하고도 답을 찾지 못한 여왕은 도시를 떠나 직접 답을 찾는다. '지금' '내 앞에 있는 것과 맞서고' '살아서 땅 위를 걷는다'는 아주 단순한 것이다.

톨스토이와 베르베르가 던진 질문에 대한 답이나 행복의 정의보다 더욱 더 내 관심을 끈 것은 주인공들이 답을 찾는 과정이었다. 왕은 궁을 박차고 나가 온갖 고초를 겪고 개미 여왕은 목숨을 건 사투를 벌인다. 자기가 있는 자리를 박차고 직접 몸으로 부딪치며 힘들게 고생한 끝에 답을 얻는다. '사서 고생'을 한 것이다. 단순히 '주어진 상황'에 대처한 게 아니라 자신이 직접 '상황을 만들어' 도전하면서 답을 찾은 것이다.

인생의 어려움은 대체로 자기의 의도와 상관없이 주어진다. 이른바 '주어지는 상황'이다. 역경이 오면 힘들기 마련이지만 사람에 따라서는 자신을 키우는 자양분이나 기회로 만들기도 한다. 물론 결과론적인 이야기일 수 있지만, 시간이 한참 지나면 그 어려움이 '위장된 축복'으로 여겨질 정도로 감사하는 조건이 될 수도 있다. 어떤 사람들은 '주어진 상황'에 맞서는 것에서 더 나아가 어려움을 스스로 만들기도 한다. 힘든 줄 알면서도 새로운 일에 도전하거나, 그동안 해 왔던 방식을 거부하고 새 방식을 찾는 것이다. 스스로 '만든 상황'이다. 위험 부담을 무릅쓰고 스스로 부딪치고 도전하는 상황을 만드는 것은 결코 쉬운 일이 아니다(후략).

위의 글에서 어떤 키워드를 찾을 수 있었는가? 특별히 발견한 게 없다고 해도 실망할 필요는 없다. 앞에서도 이야기한 것처럼 처음부터 쉬운 일은 아무것도 없다. 주의를 기울여 다시 한 번 읽으면 된다.

나는 이 글을 읽을 당시 인생의 극심한 과도기를 겪고 있었다. 직장에서는 승진에서 누락되며 마음이 힘든 때였다. 이는 평생 안정적일 줄로 알았던 직장생활에 큰 위협으로 다가왔고, 무엇인가 준비하고 변화하지 않으면 안 된다는 절박한 마음을 갖게 했다. 키워드에 의한 변화를 시도한 지 얼마 되지 않은 시기이기도 했다(글은 2012년 1월에 발표되었지만 내가 이 글을 접한 건 훨씬 뒤의 일이다). 그런 때에 읽은 김동연 장관의 글에서 도전의식과 마음의 안정을 찾을 수 있는 두 개의 키워드를 발견했다.

'사서 고생'과 '위장된 축복'

'사서 고생'과 '위장된 축복'이란 키워드가 그것이다. 온실 속의 화초처럼 어려움 없이 직장생활을 하던 내게 승진의 누락은 은퇴, 퇴직이라는 단어가 남의 이야기가 아님을 깨닫게 했다. 내일을 위한 준비의 필요성을 절감하는 계기이기도 했다. 그러나 '세상에 공짜는 없다'는 말처럼 미래의 준비가 거저 주어지는 것은 아니었다. '미래에는 뭘 해먹고 살까'를 고민해야 했고, 그것을 찾아내기 위해 책을 읽고, 글쓰기 공부를 하거나 각종 교육을 찾아 다니고, 자격증을 따야 하는 꽤 고생스런 값 지불을 감당해야 했다. 이런 모든 과정이 '사서 고생'이라는 키워드에 들어 있었다. '사서 고생'이라는 키워드를 여기저기에 적어두고 수시로 바라보며 새롭게 도전할 목록들을 적어 나갔다. 더 많은 '사서 고생'을 하기 위해서였다.

이런 고생스런 값 지불이 언젠간 축복이 되어 성장과 발전의 밑거름이 되어줄 것이라는 믿음도 생겼다. '위장된 축복'이라는 키워드 덕분이다. '축복은 고생이라는 가면을 쓰고 나타난다'는 의미가 아니겠는가? 고생하는 것이 무섭고 두려워 피하고 도망친다면 절대 축복이라는 선물을 만날 수 없다. '사서 고생'과 '위장된 축복'이라는 키워드는 당시 직장에서의 맘고생과 미래를 위한 새로운 도전으로 어려운 시기를 보내던 내게 뜻하지 않은 힘과 위로가 되어주었다. 키워드가 얼마나 큰 도움이 되었던지 김동연 장관의 개인 블로그에 찾아가 감사 댓글을 남기기도 했다. 키워드 하나가 자칫 실의에 빠져 자포자기했을지 모를 나를 일으켜 세웠고, 힘든 고생도 즐겁게 바라볼 수 있는 완전히 새로운 눈을 선물한 것이다.

지금까지 키워드를 찾아 의미를 부여하고, 삶에 적용해가는 과정을 설명해보았다. 먼저 키워드를 찾고, 여기저기에 적어 둔 뒤, 그것에 대해 오래 생각하고, 할 수 있는 일을 찾으면 그뿐이다. '별것 아니네'라고 생각했다면 성공이다. 이제 당신 차례다. 별것 아닌 것을 시작하면 된다.

그러면 좀 더 구체적으로 키워드를 활용하는 방법에 대해 알아보기로 하자.

제4차 산업혁명시대에
인재로 살아남는 힘

어떻게 활용할까

🔑 키워드 기록하기

키워드를 통해 변화를 도모하기 시작한 시기는 2013년부터다. 정확히 2013년 8월부터다. 좀 더 정확히 말하면 2013년 8월 6일부터다. 그리 오래되지 않았다. 아무리 얼마 되지 않았다고 해도 수년이 지난 지금까지 어떻게 날짜를 기억하고 있을까? 바로 기록의 힘이다. 사실 '키워드를 통해 변화하겠다'는 목표로 기록을 시작한 것은 아니었다. 다카하시 마사후미(Masafumi Takahashi)가 쓴 〈One Page 정리 기술〉(김영사, 2012)이란 책을 읽고, 좀 더 체계적인 삶을 살아야겠다는 다짐을 한 것이 기록을 시작하게 된 동기다. 이후 책이나 사람 혹은 개인적인 성찰을 통해 읽고, 듣고, 깨달은 것 가운데 자극이나 도전이 되는 키워드를 빠짐없이 적어 나갔다. 지금은 소중한 보물이 된 키워드 노트가 시작된 것이다.

'적자생존'이란 키워드가 있다. 스펜서(Spencer)와 다윈(Dawin)이 말했다는 '적자생존'(適者生存)을 뜻하지 않는다. '적는 자가 살아남는다'는 우스갯소리다. 우스워 보이지만 기록의 중요성을 강조하는데 이보다 더 쉽고 강력한 표현은 찾기 힘들다. 인간의 기억에는 한계가 있다. 유통기한 초과로 사라지는 기억들을 오랫동안 유지하는데 기록만큼 좋은 방법은 없다. 물론 여기에는 사진이나 영상 기록도 포함된다.

동서고금을 막론하고 좋은 글쓰기의 비결로 다독(多讀), 다작(多作), 다상량(多商量)을 꼽는다. '많이 읽고, 많이 써보고, 많이 생각하라'는 의미로 송나라의 문인 구양수(歐陽修)가 한 말이다. 베스트셀러 작가이자 국제구호 전문가인 한비야는 좋은 글쓰기를 위해 다행(多行)과 다록(多錄)을 추가한다. 많이 다니고, 많이 적어야 한다는 의미다.

"나는 또렷한 기억보다 희미한 연필 자국이 났다고 확신한다. 그래서 일기장과 늘 가지고 다니는 수첩에 그날의 주요 사건·사고를 꼼꼼히 기록한다. 뭔가 퍼뜩 떠오르면 방금 받은 영수증이나 식당 냅킨에라도 바로 적어 놓는다. 50살이 넘어가니 깜빡증까지 생겨 그야말로 적자생존, 적어 놓아야 산다는 일념으로 열심히 적고 있다."[1]

한비야는 이런 기록이 없었더라면 〈지도 밖으로 행군하라〉는 책은 세상에 나오지 못했을 것이라 고백한다. 기록을 통해 책을 출간하라는 거창한 얘기를 하는 건 아니다. 물론 그럴 수 있다면 더할 나위 없이 좋은 일이다. 또 못할 일도 아니다. 그러나 그 이야기는 이 책에서 잠시 접어 두기로 하자. 여기에서는 우리 주변의 셀 수 없이 많은 키워드 중에 자신에게 자극과 도전이 되는 키워드를 적어 보라는 이야기를 하려는 거다. 행동의 변화를 일으키는 '키워드 적기'다.

아침에 회사에 출근하면 가장 먼저 하는 일이 있다. 스스로 만든 일정표를 꺼내 '오늘의 할 일 목록'(To-do List)을 적는 일이다. 이제는 기계처럼 습관이 되었다. 하루 일과 중 가장 중요한 우선순위다. 처음 키워드 노트는 이 할 일 목록의 한 귀퉁이에 키워드를 조그맣게 적어가면서 시작됐다. 그러나 돌아보면 매일 적는 할 일 목록보다 키워드 노트가 지금의 나를 만드는데 더 큰 역할을 했다고 확신한다. 그만큼 강력했다는 뜻이다.

"할 일 목록은 우리의 좋은 의도를 담아 놓은 유용한 도구이기도 하지만, 동시에 사소하고 중요하지 않은 일들까지 해내야 한다고 우리를 괴롭히는 원흉이기도 하다. 단지 그것들이 목록에 적혀 있다는 이유만으로 말이다. ……할 일 목록을 하나씩 지우는 데 오랜 시간을 보내고, 쓰레기통을 꽉 채우고 책상은 깨끗이 비운 상태로 하루를 마감하는 것은 우쭐해 할 일이 아니다. 성과와도 아무 관련이 없다. 우리는 할일 목록 대신 성공 목록을 만들어야 한다."

〈원씽〉(게리 켈러 Gary Keller, 제이 파파산 Jay Papasan)의 한 대목이다. 할 일 목록보다 성공 목록이 더 중요하다고 강조한다. 성공과 직결된 성공 목록을 만들라고 조언하는 것이다. 저자들이 말하는 성공 목록이란 다음과 같다.

'남다른 성과를 내려고 일부러 만든 짧고, 구체적이며, 잘 정돈된 지시 사항'

나는 이 '성공 목록'의 자리를 '키워드'로 바꾸었다. '의도적으로 만든 짧고, 구체적이며, 잘 정돈된'이라는 표현이 '키워드'에 아주 적절하기 때문이다.

이제 우리 곁을 지나가는 많은 키워드를 '좋은 말이다'는 생각만 하며 흘려보내지 않기를 바란다. 자신만의 키워드 노트를 만들어 꼼꼼히 적어 두자. 그리고 키워드를 주기적으로 펼쳐보면 된다. 그러는 사이 키워드는 자연스럽게 마음에까지 새겨진다. 이런 과정을 거쳐 나와 한몸이 된 키워드는 우리 속에 살아서 운동하며 우리의 행동을 조금씩 바꿔줄 것이다.

독자의 이해를 돕기 위해 나의 키워드 노트를 일부 공개 하려 한다. 처음부터 이런 방식으로 할 필요는 없다. 하나의 방법일 뿐 정답이 아니기 때문이다. 냅킨이든, 포스트잇이든 플래너든, 스마트폰이든 상관

없다. '적는다'는 행동이 중요하다. 적은 것을 다시 꺼내 볼 수만 있으면 된다. 다시 한 번 강조하지만 지금 공개하는 키워드 노트는 나의 방식일 뿐이다. 어렵거나 복잡하지 않다. 나의 방식처럼 거의 매일 키워드를 찾을 필요는 없다. 물론 그렇게 할 수 있으면 좋겠지만, 일주일, 한 달에 하나라도 전혀 상관없다. 키워드가 자신의 행동을 변화시킬 수 있기만 하면 된다. 이 책에 첨부된 양식(양식에 구애될 필요도 없다)을 참고하여 자신만의 키워드를 하나씩 적기 시작한다면 당신의 변화는 이미 반은 성공한 것이나 다름이 없다.

〈2013년 키워드 노트〉ⓒ 이학은

* 키워드와 키워드 사이는 형광 펜으로 분류했다. 형광 펜의 색은 전혀 의미가 없다. 억지로 의미를 찾는다면 눈으로 보기에 좋다.

* 2014년까지는 직접 만든 양식을 사용했으나, 2015년부터는 3P BINDER의 월간 계획 양식을 사용하고 있다.

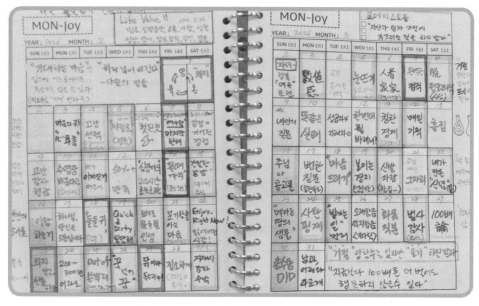

〈2014년 2~3월 키워드 노트〉© 이학은

〈2015년 2~3월 키워드 노트〉© 이학은

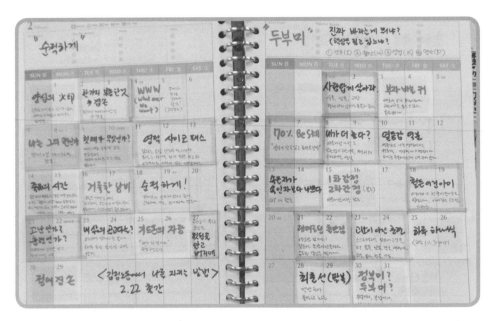

〈2016년 2~3월 키워드 노트〉 © 이학은

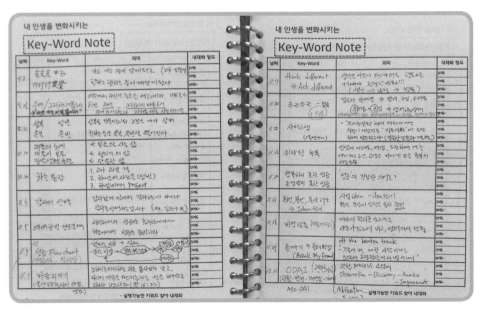

〈키워드 정리 노트〉 © 이학은

🔑 노출, 노출, 노출하라

사람은 망각의 동물이다. 감사한 일이 아닐 수 없다. 기억에는 즐겁고 행복한 것만 있지 않기 때문이다. 2017년 노벨 문학상 수상작가인 가즈오 이시구로(Kazuo Ishiguro)가 쓴 〈파묻힌 거인〉(시공사, 2015)은 잊어버린 기억을 되찾아가는 여정을 그린 판타지 소설이다.

암용 케리그가 내뿜는 입김은 안개가 되어 사람들의 기억을 사라지게 한다. 마법사 멀린이 주문을 걸어 두었기 때문이다. 노부부 액슬과 비어트리스는 아들을 방문하기 위해 집을 나섰다가 기억을 떠올리지 못하는 이유를 알아차리게 된다. 많은 우여곡절을 거친 끝에 노부부는 전사 위스턴의 도움을 얻어 암용 케리그를 죽인다. 그리고 조금씩 옛날 기억을 되찾아간다. 과연 돌아온 기억은 노부부에게 어떤 영향을 가져왔을까? 자신들의 소중한 기억을 되찾고 싶어 했던 노부부는 아들이 사소한 말다툼으로 집을 떠났고, 그 후에 전염병에 걸려 죽었다는 사실을 기억해내기에 이른다. 사람들의 기억이 돌아오면서 이제 비극은 어느 한 사람에게만 머물지 않는다. 그때까지 평화롭게 지내오던 사람들이 서로에 대해 오래된 증오를 떠올리기 시작한 거다.

"남자들은 밤마다 이웃 마을의 집을 불태우고, 새벽이면 나무에 아이들의 목이 매달리고, 며칠 동안 강을 떠내려오느라 퉁퉁 불어터진 시체들로 강에는 악취가 진동할 거예요. 군대가 이동하는 동안에도 복수를 향한 갈망과 분노로 병사들이 점점 늘어나겠지요."[1]

인간에게 망각이 있다는 것은 어떤 면에서 축복이라는 사실을 깨닫게 하는 소설이다. 독일의 심리학자 헤르만 에빙하우스(Hermann Ebbinghaus)는 실험심리학의 선구자로 알려져 있다. 그의 유명한 망각 곡선에 따르면 학습한 단어의 절반가량이 잊히는 데는 불과 한 시간 정도밖에 걸리지 않는다고 한다. 이후에도 망각은 빠른 속도로 진행되어 하루 정도의 시간이 지나면 학습한 단어의 70% 이상이 기억에서 사라지는 것으로 망각 곡선은 보여준다. 이런 때 망각은 반대로 아주 야속하게 느껴진다. 애써 외운 단어를 하루 만에 기억 속에서 사라지게 하기 때문이다.

망각 곡선을 보며 '사춘기의 자녀들이 부모의 말을 잘 듣지 않는 이유가 망각 때문은 아닐까' 하는 조금은 엉뚱한 생각을 해보았다. 부모가 사춘기의 자녀들에게 하는 잔소리를 살펴보면 거의 매일 비슷한 이야기가 반복된다는 사실을 발견한다.

"TV 그만 보고 공부 좀 해라.", "양말은 뒤집어 벗지 마라." "옷을 벗었으면 세탁기에 넣어라.", "방 좀 깨끗하게 치워라.", "화장실 불 끄고 다녀라." "늦게 들어오지 마라." "늦으면 꼭 전화해라."

자녀들은 어떻게 똑같은 잔소리를 매일 하게 만드는 걸까? "엄마(아빠)가 얘기했어? 안 했어?" 부모가 잔소리할 때마다 반드시 들어가는 레퍼토리다. 자녀에게 너무 과한 요구를 했기 때문일까? 그렇지 않다. '부모가 한 말을 잊어버렸기 때문'이라는 게 내 생각이다. 지나친 비약일 수 있다. 그러나 하루가 지나면 학습한 대부분을 잊어버린다는 망각 곡선에 비춰 보면 비약으로만 치부해버리기도 어렵다.

부모와 자녀 사이에 발생할 수 있는 갈등을 줄여보자는 의미로 이런 엉뚱한 이야기를 하고 있다. 똑같은 잔소리를 하게 만드는 자녀에게 "엄마(아빠) 말이 말 같지 않아!"라며 큰소리치거나 흥분하지 말자. '또 잊었나 보다'는 키워드를 되뇌면서 최대한 부드러운 목소리로 다시 한 번 알려주자. 반복해서 말하다 보면 언젠가는 기억하리라는 믿음을 갖고 말이다. 사춘기 자녀를 키우는 부모라면 '그래서 말을 듣겠느냐', '말도 안 되는 이상적인 얘기다'고 비웃을 수 있다. 그러나 그렇게라도 하지 않으면 부모의 속은 까맣게 타고, 자녀와의 관계도 점점 멀어지게 될지 모른다. '이런 생각이라도 하면서 마음의 안정을 찾는 편이 훨씬 좋지 않겠는가?'라는 얘기다. 이야기가 잠시 곁길로 흘렀지만, 사람이 망각의 동물이라는 점을 기억한다면 좀 더 부드러운 인간관계가 가능할 수 있다는 사실을 말하고 싶은 거다.

문제는 이런 일이 가정에서만 일어나지 않는다는 데 있다. 직장에서도 비일비재하다. 팀장은 부하 직원을 불러 되도록 빨리 처리하라며 지시사항을 전달한다. 그러나 한 시간, 두 시간이 지나도 부하 직원으로부터 아무런 피드백이 없다. 퇴근 시간이 가까워져 올 무렵까지 아무런 보고가 없자 답답해진 팀장은 부하 직원을 향해 소리를 높인다. 알고 보니 부하 직원이 다른 일에 바빠 팀장의 지시를 깜빡 잊은 거다. 다음은 어느 중소기업 사장에게 들은 일화다.

오랜 경기 불황으로 A 기업의 매출은 조금씩 줄어드는 추세였다. 사장이 볼 때 당시의 상황은 심각한 위기였다. 그러나 사무실에서 일하는 직원들의 표정에서는 위기라고는 전혀 느껴지지 않는다. 어떻게든 매출을 올려 위기를 극복해보겠다는 노력은 기울이지 않고 삼삼오오 모여 커피를 마시며 잡담이나 하는 직원들의 모습을 보고 있노라면 사장의 속이 뒤집힐 때가 한두 번이 아니다. 화가 난 사장은 전 직원을 불러 모았다. 현재의 위기상황을 알려주고, 직원들의 분발을 요청하기 위해서다. 한 시간이 넘는 사장의 이야기에 직원들은 심각한 표정으로 귀를 기울인다. 반성하는 표정의 직원들도 보이는 것 같다. 사장은 '이젠 좀 달라지겠다'는 희망을 품고 이야기를 끝냈다.

다음 날 아침, 사장은 확 달라진 사무실의 분위기를 기대하며 회사 문을 들어선다. 그러나 그의 예상은 여지없이 빗나갔다. 사무실은 어제와 별반 차이가 없었다. 한 가지 달라진 게 있다면 사장이 들어서자 모여있던 직원들이 정색하며 자신의 자리로 돌아가는 것 정도였다.

리더들은 '내가 한마디 하면 직원들의 행동이 달라질 것'이라 생각하는 경향이 있다. 착각이다. 그럴 수 없다. 사람은 망각의 동물이기 때문이다. 단 한 번의 말로 사람을 바꾸려는 것은 지나쳐도 너무 지나친 욕심이라는 사실을 알아야 한다. 잭 웰치가 경영의 신으로 불리는 데는 아마도 '인간은 망각의 동물'이라는 사실을 간파하고 있었기 때문이었던 것 같다. 그가 한 말에서 단서가 발견된다.

"나의 커뮤니케이션 방법은 종종 과도한 면이 있었고, 어쩌면 강박관념으로까지 보였을지도 모른다. 나는 어떤 아이디어나 메시지를 조직 전체에 전달하고자 할 때 한 번도 이 정도면 충분하다고 말해본 적이 없다. 나는 어떤 중요한 전달 사항이 있으면, 그것을 수년에 걸쳐 온갖 종류의 회의 때마다 수없이 반복해서 강조하고 또 강조했다. 나중에는 아예 신물이 날 정도였다."[2]

잭 웰치(Jack Welch)는 이런 말도 했다.

"기업의 핵심가치는 적어도 700번 이상 반복해서 조직원들에게 말해야한다."

잭 웰치의 말을 나는 '700번 법칙'이라는 키워드로 만들어 교육에 활용하기도 했다. 1년은 365일이다. 매일 한 번씩 핵심가치를 조직원들에게 말해서 700번에 이르려면 2년은 족히 걸린다. 휴일을 빼면 훨씬 더 긴 시간이 필요하다. 잭 웰치의 말은 '끊임없는 반복만이 사람들에게 무엇인가를 기억시킬 수 있고, 그래야만 조금씩이라도 행동의 변화가 일어날 수 있다'는 뜻으로 이해할 수 있다(이 책을 읽어가다 보면 비슷한 내용이 여러 곳에서 발견된다는 것을 알 수 있을 것이다. 이는 다분히 의도적이다. 잭 웰치의 '700번 법칙'을 적용한 것이라고 이해하면 된다).

망각의 동물인 인간이 소중하고 꼭 필요한 기억을 오래 할 수 있으려면 반복이 필요하다. 키워드 역시 마찬가지다. 새로운 키워드가 내 몸에 배어 나로 하여금 행동을 유발하려면 지속적인 반복과 되새김이 있어야 한다. 이런 때 노출은 자연스러운 반복을 가능하게 하는 매우 유용한 방법이다. 바인더, 플래너, 스마트폰, 컴퓨터 바탕화면, 책상, 냉장고, 필요하다면 지갑에까지 키워드를 적어 놓고 반복해서 바라볼 수 있는 환경을 만드는 것이 좋다. 머릿속에 깊게 새겨져 나와 한몸이 될 때까지 말이다.

이렇게 말하면 '그렇게 많은 곳에다 적어야 하느냐'는 의문이 생길 수 있다. 그렇지 않다. 자신이 가장 손쉽게 사용할 수 있는 것을 활용하면 된다. 나 같은 경우는 바인더를 주로 사용했다. 바인더는 내가 항상 소지하고 다니며 들춰보는 것이기 때문이다. 대부분 키워드는 앞서 사진으로 소개한 키워드 노트에서처럼 바인더 한 권에 기록하는 것을 원칙으로 했다. 예외도 있었다. '올해의 키워드'는 스마트폰을 활용했다. 카카오톡과 같은 스마트폰 메신저 프로필에 키워드를 적어두고 1년 동안을 어쩔 수 없이 보게 만들었다. 이외에 중요한 키워드는 포스트잇에 적어 컴퓨터 키보드 위에 붙여 놓거나 책상 유리 사이에 끼워 두기도 했다.

아무래도 상관없다. 복잡하고 어려울 것도 없다. 무엇이 되었던 각자에게 편한 방법을 찾으면 된다. 키워드를 최대한으로 노출해 볼 수밖에 없는 환경을 만드는 게 핵심이다. 우리는 기억한 것을 하루가 지나면 70%나 잊어버리는 망각의 동물이기 때문이다.

여기에 또 한 가지 의문이 생길 수 있다. '기록해놓은 모든 키워드를 다 외워야 하는가'하는 의문이다. 이 질문에 대한 대답 역시 '아니오'다. 변화에 필요한 키워드 하나를 일주일이든 한 달이던 지속적인 노출을 통해 집중하면 된다. 이런 과정을 거쳐 몸속 깊이 스며든 키워드는 행동을 변화시키고 나면 그 수명을 다한다. '수명을 다한다'는 표현은 키워드가 잊히거나 버려진다는 뜻이 아니다. 나의 몸과 일체가 되어 호흡하는 것처럼 자연스러워진다는 의미다. 하나의 키워드가 호흡처럼 자연스러워지면 이제 서서히 다른 키워드를 받아들여도 될 때라는 사실을 자연스럽게 알아차릴 수 있게 된다. 마치 본능처럼.

노출, 노출, 노출만이 정답이다. 잭 웰치의 말을 떠올려보자. 그리고 아래의 괄호 안에 자신의 이름을 넣어 읽어보자.

"(   )을(를) 변화시킬 키워드는 적어도 700번 이상 반복해서
(   )에게 말해야 한다."

🔑 키워드 활용 사례

그렇다면 이제 의미를 부여한 키워드를 어떻게 활용하는가에 관한 이야기를 할 때다. '구슬이 서 말이라도 꿰어야 보배'라는 속담처럼 자신에게 맞는 키워드를 아무리 많이 찾아냈다 해도 그것을 활용하지 않는다면 아무런 삶의 변화를 일으킬 수 없다. 이런저런 활용의 방법을 기술하기보다 '올해의 키워드'를 중심으로 나는 어떻게 키워드를 활용했는지 설명하기로 하겠다.

'세상에 공짜는 없다'는 말이 있다. 무엇을 얻으려면 반드시 값 지불이 필요하다는 뜻이다. 변화를 위한 값 지불은 실천이다. 그러나 안타깝게도 사람은 '실천에 대한 저항'을 갖고 있다고 한다. 정신과 의사 윤홍균의 말이다. 행동이 아닌 심리를 다루는 그도 자존감 회복을 위해 극복해야 할 것이 바로 실천이라고 강조한다.

"이론과 실제를 따로 생각해서, 이론은 열심히 공부해도 실천하지 않는다. 배운 대로 하지 않으니 실패할 수밖에 없는데, 이들은 오히려 이론을 탓한다. 이론을 완벽하게 배웠는데 성공하지 못했다면서 말이다. 책을 읽고 깨달은 바가 있다면 그것을 실전에 적용해야 한다. 그래야 비로소 의미가 있다. 실제와 상관없는 이론서가 욕을 먹듯이, 이론을 실제에 적용하지 않는다면 그것 또한 무의미한 일이다."[1]

앞에서 키워드에 의한 변화는 마치 걸음을 걷는 것처럼 어렵지 않다고 말했다. 그러나 걸음을 걷는 행위도 결국은 실천이 수반되는 행동이다. 가만히 누워 있는 것보다는 힘들다. '걸음을 걷는 것과 같다'는 표현을 쓴 것은 좀더 쉽고 가능한 방법으로 접근하겠다는 의미다. '하루에 한 권씩 책 읽어라, 새벽 3시에 일어나라, 컴퓨터, 스마트폰, TV는 쳐다보지도 말라'와 같은 말은 하지 않을 것이다. 이는 '변화는 생각하지도 말라'는 말과 같기 때문이다. 아주 조금씩, 한 걸음씩, 내가 할 수 있는 만큼만 시작하면 된다. 어제보다 0.001%만이라도 변화했다면 성공이다. 그렇게 한 걸음씩 걷다 보면 언젠가는 천 리에 이를 수 있을 것이다. 다음은 2013년부터 시작한 '올해의 키워드' 활용 사례다.

새로운 도전

(Challenge Something New)

나는 앞에서 키워드에 의한 변화를 시작한 때가 2013년부터라고 이야기한 바 있다. 그전까지는 매년 OATE(Objective, Activity, Timetable, Evaluation) 작성법으로 그 해의 목표를 세우곤 했다. 굉장히 중요한 작업이기는 했지만, 다분히 요식적인 행위였다. '되면 좋고, 안 되면 말고.'의 수준에 머물러 있었다. 그러다가 2013년 8월, 남은 한 해를 살아갈 키워드를 찾기 시작했다. 그렇게 처음 만들어진 2013년 올해의 키워드는 '새로운 도전'(Challenge Something New)이었다.

　나의 성향은 안전, 성실, 보수, 신중, 단정함, 계획적이라는 용어로 정리할 수 있다(여기에 열거한 키워드는 에니어그램 '6유형-유비무환 형'의 성격 특질에서 뽑은 것이다). 이런 성향의 사람에게 부족한 것이 도전정신이나 새로움에 관한 시도다. 다른 사람의 시선이나 평가에 지나치게 신경을 쓰기도 한다. 이러한 성향 때문에 새로운 일을 선뜻 시도하기 어려워했다. 스스로 가입한 SNS에 댓글조차 제대로 달지 못하는 정도라면 이해가 쉬울 것이다. '내가 쓴 글을 다른 사람이 나쁘게 평가하면 어떻게 하지'라는 생각 때문이다. 사정이 이렇다 보니 직장생활을 오래 했고, 나이도 적지 않은

데 특별히 이룬 것 없이 시간만 보내고 있다는 사실을 발견하게 되었다.

　'은퇴할 때까지 안전하게 직장 생활하는 것이 최고다'는 생각을 하며 살았다. 그런데 정작 '은퇴'를 생각해야 할 나이가 가까워지자 젊었을 때는 전혀 생각하지도 않았던 문제들이 수면 위로 하나씩 올라오기 시작했다. 그 또래의 사람들이 그렇듯 경제적인 문제가 대부분이었다. 생활비, 자녀 양육 비용, 대출 상환 자금, 은퇴 이후의 삶, 노후자금과 같은 문제 따위다. 이런 문제 인식은 위기감을 넘어 미래에 대한 심각한 두려움으로 다가왔고, 변화하지 않으면 안 된다는 강한 동기를 제공해주었다. 이러다 '뜻밖의 미래'(〈2030 대담한 미래〉 [최윤식 지음, 지식노마드]에 나오는 표현이다. 개인적인 차원에서는 갑작스런 퇴직, 원하지 않던 질병 등이 포함된다)를 만나면 주저앉을 수밖에 없다는 생각을 거의 매일 했던 것 같다.

　'더는 이렇게 살아서는 안 된다'는 위기의식에서 만든 올해의 키워드가 '새로운 도전'(Challenge Something New)이다. 무언가에 끊임없이 도전하기로 다짐한 거다. 그러지 않으면 안 되었다는 표현이 더 적절하다. 바인더 곳곳에 키워드를 적어 놓고, 수시로 바라보며 마음에 새겼다. 구체적으로 무엇에 도전할지 목록을 작성하는 시간을 주기적으로 가졌다. 그리고 작은 것, 실천할 수 있는 것부터 도전하기 시작했다. 이후 나의 새로움에 대한 도전은 바인더에 'OOO Start'라는 목록으로 하나씩 채워져 갔다. OOO 부분에 적힌 것 중 몇 가지를 소개하면 다음과 같다.

SEE-U Frame(스스로 만든 일정표를 포함한 각종 양식에 붙인 이름이다), 책 쓰기 자료 수집, 글쓰기 공부, 신문 칼럼 베껴 쓰기, 기상 시간 당기기, 영성 일기, 동시 쓰기, 블로그 칼럼 쓰기, 파워포인트 독학, MS 워드, 본깨적(본 것, 깨달은 것, 적용할 것) 노트, 감사 노트, 바리스타 강좌 수강, 실패 리스트 작성, Daily-Mind Map, '나를 향한 서비스'('나를 향하는 서비스'는 〈감정노동에서 나를 지키는 방법〉의 원 제목이다) 집필, 일주일 3회 호수공원 걷기, 식스팩 만들기 오늘의 10분, 단상(斷想) 쓰기, 성경 필사, 따뜻한 글 자료 모으기, 성경 구절 암송, '나를 향한 서비스' 원고 투고, 노인심리상담사 자격증 공부, 심리상담사 자격증 공부, 성경 통독, 독서지도사 자격증 공부, '키워드 변화법' 집필, 영어 성경구절 암송, 버크만 FT 자격증 과정 수강, 오디오클럽 〈소설로 읽는 세상 이야기〉 연재 등……

지극히 개인적인 일은 제외하고 2013년부터 시작해 지금까지 새롭게 도전했고, 도전하고 있는 목록이다. 자랑하려는 것이 아니다. 마음에 새겨진 '새로운 도전'(Challenge Something New)이라는 키워드가 나를 어떻게 변화시켰는지 보여주려는 것이다. 위의 목록 중에 어떤 것은 지금까지 지속하는 것이 있는가 하면, 작심삼일로 끝나버린 것도 있다. 서두르거나 급하게 마음먹지 않았다. '어제 하지 않았던 일을 오늘 새롭게 한다.'는 마음만 가졌을 뿐이다.

이렇게 키워드로 무엇인가 도전하고, 마음과 행동이 변화하는 것에 재미를 느끼면서 요식행위처럼 매년 작성하던 '연간 목표 세우기(OATE)'보다 키워드 찾기에 더 열심을 내게 되었다. 연말이 되면 다가오는 새해를 살아갈 '올해의 키워드 찾기'가 가장 중요한 일이 되었음은 당연한 일이다. 올해의 키워드는 한 달에서 두 달에 걸친 오랜 생각의 과정을 통해 신중하게 결정하려 노력했다.

'새로운 도전'(Challenge Something New)은 현재 집중하고 있는 키워드가 아니다. 지나도 한참 지났고, 거의 잊고 지낸다. 단어로 따지면 사어(死語)가 되어 있다. 놀라운 것은 나는 지금도 새로운 도전을 계속 시도하고 있다. 도전을 두려워하지도 않는다. 안전과 보수의 성격적인 특성을 가진 내게는 기적과도 같은 일이다. 키워드가 몸으로 스며들어 나와 하나가 되어 있다는 증거다.

틀 깨기

키워드를 통해 성격적인 특성도 극복할 수 있다는 사실을 경험한 후, 2014년에는 본격적으로 성격과 행동의 변화를 꾀해 보기로 결심한다. 그래서 생각해낸 올해의 키워드는 '틀 깨기'다. 마음에 쳐놓은 '나는 이런 사람이다'는 틀, 즉 변하지 않으려는 똥고집, 고정관념을 깨뜨려보겠다는 의지의 키워드였다. '틀 깨기'라는 본래의 뜻을 유지하며 각각의 낱말 마다 다른 의미도 부여했다.

"이전의 나 **틀** 깨기, 새로운 나 **깨**우기, 미래의 나 **기**르기"

키워드가 정해지자 고정관념으로 굳어진 틀을 어떻게 깰 수 있을 지부터 고민하기 시작했다. 우선 '자신을 어떤 사람으로 생각하고 있는가'를 돌아보기로 했다. 자신을 정확하게 알아야 무엇을 바꿔야 할지 알 수 있겠다는 생각에서였다. 그래서 작성한 것이 "나는 OOO한 사람이다"는 목록이었다. 사람들 앞에서 벌거벗는 것 같아 부끄러운 마음이 들긴 하지만, '지금은 많이 바뀌었음을 믿어 달라'는 부탁과 함께 몇 가지를 소개해보겠다.

나는 낯을 가리는 사람이다.

나는 적극적으로 나서기를 싫어하는 사람이다.

나는 새로운 일에 도전하기 힘들어하는 사람이다.

나는 창의적이지 못한 사람이다.

나는 주어진 일만 잘하는 사람이다.

나는 남의 시선이나 평가를 중요시하는 사람이다.

나는 인색한 사람이다.

나는 남에게 허술한 틈을 보여주기 싫어하는 사람이다.

나는 싫으면 바로 표정으로 드러나는 사람이다.

나는 잔머리를 굴리며 힘든 일을 피하려는 성향의 사람이다.

나는 하루에 무조건 6시간 이상은 자야 한다고 생각하는 사람이다.

일단 쓰기 시작하니 순식간에 삼십여 가지가 넘는 목록이 적히는 것을 보고 깜짝 놀랐다. 이런 작업은 나 자신이 얼마나 편협한 사람이었는지 깨닫게 해주었다. 다음으로 한 작업은 '2014 틀 깨기 List'의 작성에 필요한 프레임(frame)을 만드는 일이었다. '이전의 나 틀 깨기', '새로운 나 깨우기', '미래의 나 기르기'의 세 가지 영역으로 나누어 각각의 목록을 작성했다. 나의 편협한 고정관념은 어떤 것 있는지 돌아보겠다는 생각, 그것을 극복해보려는 행동, 그 행동을 습관화하여 미래를 준비하겠다는 의지였다. 그렇게 나는 2014년 '틀 깨기'라는 키워드로 인생의 새로운 열매를 거둘 수 있는 준비를 마치게 된다.

될 때까지

2013년 '새로운 도전'(Challenge Something New)과 2014년 '틀 깨기'라는 키워드로 어떤 변화를 시도했는지 설명했다. 쉬운 일만은 아니었다. 의지와 노력이 약해지고, 편하게 살고 싶은 유혹을 견뎌야 하기도 했다. 그런 노력의 보상처럼 2014년이 끝날 무렵 '나를 향하는 서비스'라는 제목의 원고가 완성되었다. 한 문장으로 가볍게 넘겼지만 쉼 없이 한 걸음을 옮겨놓는 과정이 있었기에 가능한 일이었다. 부족한 글쓰기를 보완하기 위해 다수의 관련 책을 읽고, 블로그를 개설하여 글쓰기 훈련을 했다. 신문의 칼럼을 100일 이상 베껴 쓰는 일도 했다. 나를 작가로 만들어 준 것은 국문학이라는 전공이 아니라 키워드였음을 보여주는 증거다. '도전해보자, 틀을 깨 보자'는 키워드를 가슴에 품고 고된 과정을 거쳐 이루어낸 성과였고, 변화의 첫 열매였다. 그러나 어렵게 쓴 원고가 책상 속에 머물러 있다면 아무 소용이 없는 일이다. 2015년의 가장 우선되는 목표가 '원고를 책으로 출간하기'가 된 것은 당연한 일이다. 하지만 원고가 책으로 만들어지는 데는 원고를 쓰는 것보다 훨씬 더 힘든 과정을 거쳐야 했다. 원고가 출판사에서 채택되어야 하는 과정이 그랬다.

가난한 싱글 맘에서 〈해리포터와 마법사들〉로 일약 세계적인 베스트셀러 작가가 된 조앤 롤링(Joan K. Rowling)도 원고가 열 군데가 넘는 출판사로부터 거절을 당했고, 〈연탄 길〉로 수백 만 부의 판매량을 올린 이철환 작가도 책이 출간될 때까지 6년이 넘는 시간을 보냈을 정도니 나와 같은 무명작가는 어땠겠는가. 그런 이유로 2015년 올해의 키워드는 '될 때까지'로 만들어졌다. 여러 출판사로부터 수십 번의 거절을 당하더라도 '될 때까지' 시도하겠다는 다짐이 담긴 키워드다.

'될 때까지'라는 키워드를 정하고 난 뒤 가장 먼저 한 일은 서점에 나가 150여 개가 넘는 출판사 목록을 적는 일이었다. 이렇게 적어온 출판사에 차례로 원고를 보내기 시작했다. 몇 군데의 출판사로부터 "원고 내용은 좋으나, 출판사의 편집방향과 맞지 않아 반려합니다"는 회신을 받았다. 이는 출판사에서 에둘러 표현하는 거절 메시지라는 사실을 나중에서야 알았다. 마음은 좋지 않았지만, 낙심은 되지 않았다. '될 때까지'라는 키워드가 마음을 지켜주고 있었기 때문이다. 그렇게 원고를 보내기 시작한 지 7개월, 열두 번째만의 출판사에서 '관심이 있다'는 회신을 처음 받았다. 원고가 채택된 것이다. 그리고 2016년 3월, 드디어 첫 책이 출간되는 기쁨을 맛보았다. '될 때까지'라는 키워드가 아니었더라면 서너 번 정도 도전해본 뒤, '내 주제에 무슨 책을 내겠는가?'라는 자괴감에 포기했을지 모른다. 끝까지 포기하지 않겠다는 의지의 키워드가 자랑스러운 첫 열매를 손에 쥐게 해준 것이다('될 때까지'란 키워드는 〈키워드 변화법, 제4차 산업혁명 시대에 인재로 살아남는 힘〉을 출간하는 과정에서도 유용하게 활용됐다).

2016년 올해의 키워드는 '가만히, 잠잠히'라는 의미의 'Be still'이었다. 책을 내면서 사람들에게서 듣는 칭찬을 당연하고, 자연스럽게 생각하면서 나도 모르게 교만해지는 모습을 경계하자는 의미였다. 이와 함께 2017년 올해의 키워드 '그러니까 감사만 해'는 다소 개인적인 신앙에 관한 이야기로 흐를 가능성이 있어 설명은 생략하기로 하겠다.

2018년 올해의 키워드는 '더 깊고 넓은 사람'이라고 정했다. 이를 위해 지식, 지혜, 대인관계, 생각, 믿음, 재물의 6가지 영역으로 나누어 무엇을 해야 할 지(What to do)와 어떻게 해야 할 지(How to do)에 대한 목록을 적고, 하나씩 실행에 옮기고 있다.

지금까지 '올해의 키워드'를 어떻게 활용했는지에 대해 살펴보았다. 나는 꿈이나 목표보다 키워드가 훨씬 중요하다고 생각한다. 그렇다고 꿈이나 목표를 갖지 말라는 뜻이 아니다. 미래의 꿈과 목표를 이루기 위해 '지금, 여기'에서 나를 움직여줄 키워드를 강조하고 있다.

이제부터는 매일의 삶 속에서 행동의 변화를 이끌어준 키워드를 소개하려 한다. '실전 키워드'라 이름 붙인 키워드들이다. 지금까지 변화의 강력한 동력이 되어 행동과 생각을 변화시킨 키워드를 분류하니 다음과 같은 몇 가지로 나눌 수 있었다. 꿈과 목표로 이끌어주고, 자기계발을 자극하는 키워드와 도전정신을 고취하고 행복한 인생을 살아가도록 도와주는 키워드가 그것이다. 한 가지만 유의하자. 지금부터 소개되는 모든 키워드는 내 생각과 행동을 변화시킨 것들이다. 다시 말해 책을 읽는 독자의 것이 아니라는 뜻이다. 단지 방법과 도구를 제시하는 것뿐이고, 이렇게 하면 좋겠다는 가이드를 할 따름이다. 앞으로 소개되는 키워드를 그대로 사용해서 행동의 변화를 일으켜도 좋은 일이지만, 자신만의 키워드를 스스로 만들어 보는 것이 훨씬 더 강력하다는 사실을 잊지 않았으면 한다.

앞에서 강조했지만 모든 키워드를 다 알고, 외워야 한다는 부담을 가질 필요는 없다. 하나라도 시작한다는 게 중요하다. 하나의 키워드가 변화를 이끌고 수명이 다하면 다음으로 넘어가면 된다. 키워드가 수명을 다했는지 아닌지는 스스로 알 수 있다. 그러면 자연스럽게 잊힌다. 그리고 새로운 키워드가 찾아온다. 물 흐르는 대로, 걸음을 옮겨놓는 실행만 하면 된다.

2부

실전 키워드

제4차 산업혁명시대에
인재로 살아남는 힘

| 01 |

꿈과 목표를 이루어가는 키워드

🔑 뜻밖의 미래

어디를 가나 제4차 산업혁명이라는 말로 뜨겁다. 뉴스 기사에도 제4차 산업혁명이란 단어가 들어가야 클릭 횟수가 늘어나고, 직장인 대상 교육 컨퍼런스에도 제4차 산업혁명을 다룬 강연에 사람들이 북적거린다. 세상이 무섭도록 빠르게 변화하고 있고, 그 변화가 각 개인에게 끼칠 영향이 엄청날 것이라는 불안한 예상에서 기인한 현상이다.

사람들은 미래에 대한 불확실성으로 인해 두려워한다. 그러나 조금만 깊게 생각해보면 인간에게 확실한 미래란 존재하지 않는다. 내일 무슨 일이 일어날지 확신할 수 있는 인간은 세상에 없다. 내일이 아니라 한 치 앞의 일까지도 말이다. 그런데도 사람들은 자신의 미래를 스스로 계획하고 디자인할 수 있다고 생각하려는 경향이 있다. 완전히 틀렸다고 말할 수는 없다. 그렇게 살도록 훈련되기도 했다. 인간만이 불확실한 미래를 '예측'해낼 수 있는 유일한 동물이다.

'인생은 스스로 개척해나가는 것'이라며 도전의식을 가질 수 있는 것은 사람에게 이런 예측 능력이 있어서다. 문제는 '내'가 경영하는 '미래'라는 상점에는 '확실하고', '분명한' 상품만 취급하려 한다는 데 있다. 미래란 불확실하고, 전혀 알 수 없는 것인데도 말이다.

'뜻밖의 미래'(Unexpected Future)

미래에 있을지도 모르는 최악의 상황을 상상해보라는 의미로 미래학자 김현식이 〈2030 대담한 미래〉에서 소개한 키워드다. 처음 이 키워드를 접하고 꽤 충격을 받았던 기억이 있다. '미래' 하면 '성공적'이거나, '긍정적'인 것만 상상하는 것이라 여겨왔기 때문이다. 그는 책에서 '10년 후에 현재 직업의 80%가 사라진다면', '대한민국이 한 달 이내에 갑작스럽게 통일된다면', '중국의 거품 경제가 갑작스럽게 붕괴한다면', 'H5N1(치명적인 고병원성 바이러스)과 같은 강력한 인플루엔자가 전 세계적으로 창궐한다면'과 같은 극단적인 미래를 '뜻밖의 미래'로 표현하고 있었다.

돌이켜보니 나의 인생 계획표에는 이런 뜻밖의 미래는 단 하나도 적혀 있지 않다는 사실을 발견했다. 책을 몇 권 출간하고, 돈을 얼마 벌고, 몇 세까지 건강하게 살고 싶다는 희망적인 목표만 빼곡하게 적혀 있을 뿐이었다. 아마도 뜻밖의 미래가 주는 불안함과 불편함이 그 이유였을 게다.

'내가 암에 걸릴 수 있다.', '사고를 당해 병원에 입원하거나 사망할 수 있다.', '회사에서 강제 퇴직을 당할 수 있다.', 'IMF와 같은 상황이 재발하여 대출이자가 20~30% 급등해 이자부담에 허덕일 수 있다.', '자녀가 대학 진학에 실패할 수 있고, 탈선하여 걷잡을 수 없는 길로 빠질 수 있다.'

뜻밖의 미래를 개인적인 차원에서 적어본 것들이다. 꿈에라도 나타날까 무서운 상상들이다. 제4차 산업혁명이 심화될수록 이런 뜻밖의 미래는 더욱 다양한 모습으로 나타나게 될 것이다. 이런 재수없는 목표를 세우는 사람은 세상에 없다. 김현식은 '뜻밖의 미래'가 '언제 일어날 것인지'에 관심을 두지 말고, '그로 인한 잠재적 영향이 무엇이고, 그것에 대비하는 방법은 무엇인지'에 집중하라고 충고한다.

태어나서 처음으로 인생전반에 걸쳐 일어날 수 있는 부정적이고, 불안한 미래를 생각해보게 된 계기였다. 뜻밖의 미래가 주는 충격과 영향은 예측 가능한 미래가 가져다 줄 그것에 비해 훨씬 크고 강력할 것이다. 미래를 예측하는 이유는 준비하기 위해서다. 대학입시를 위해 학생들이 공부하며 시험을 준비하는 것처럼 뜻밖의 미래를 겪게 될 때 어떻게 대처할지에 대해 미리 생각해보는 것은 상당히 유의미한 행동이다. 앞에서 적은 개인적 차원의 뜻밖의 미래에 대한 대비책을 적어가다 보면 세상을 겸손하게 바라보게 되는 보너스 같은 소득도 얻을 수 있다.

이제 새로운 일을 시작하거나 중요한 결정을 하기에 앞서 긍정적인 미래 뿐만 아니라 뜻밖의 미래에 대해서도 꼼꼼히 적어보는 습관을 이어가고 있다. 그것이 만에 하나 발생할지 모르는 상황에 당황하지 않고 능동적이고 침착하게 대처할 수 있는 유일한 방법이기 때문이다.

🔑 나의 시대는 아직 오지 않았다

니체는 전통적인 루터교 목사 집안의 장남으로 태어났다. 일곱 살 때 학교에 들어가 라틴어와 그리스어를 배웠고, 1858년 열네 살 때 명문 공립학교 슐포르타에 장학생으로 선발되어 고등교육을 받았다. 이때부터 그는 이미 어학과 문학, 음악분야에서 뛰어난 재능을 드러내기 시작했다.

(중략)

니체는 자신이 이뤄낸 성취의 대가로 혹독한 비판에 직면해야 했다. 그럼에도 멈추거나 포기하지 않고 〈이 사람을 보라〉에서 '나는 왜 이렇게 좋은 책들을 쓰는가?'라는 제목 아래 이렇게 썼다.

'나의 시대는 아직 오지 않았다. 몇몇 사람에게는 그런 시대가 죽은 뒤에야 나타나기도 한다. 언젠가는 내가 이해하는 삶과 가르침을 다른 사람들에게 전하는 교육기관이 필요하게 될 것이다.'

나는 '나의 시대는 아직 오지 않았다'는 니체의 이 말이 아주 마음에 들어 20대 시절에 커다랗게 써서 벽에 붙여놓고 읽고 또 읽었다. 친구들은 주야장천 책만 들여다보면서 20대를 보내는 나를 보며 혀를 찼지만, 나는 니체가 그러했듯이 공부를 멈추지 않았고 포기하지 않았다."

일본의 메이지 대학(Meiji University) 교수인 사이토 다카시(Takashi Saito)가 쓴 〈곁에 두고 읽는 니체〉(홍익출판사, 2015)의 한 대목이다. 다카시는 "스무 살 때 겪었던 일들은 그냥 훌쩍 뛰어넘고 어떻게든 성공할 수 없을까"라고 말할 정도로 힘든 20대를 보냈다고 고백한다. 다카시 역시 꽃과 같은 청년 시절을 멋지고 화려하게 보내고 싶다는 생각을 했을 것이다. 그 또래 젊은이 대부분이 그런 것처럼. 그러나 그에게는 이루고 싶은 꿈이 있었고, 그 꿈을 이루기 위해서는 자신이 어떻게 살아야 하는가를 분명히 알고 있었기에 젊은 시절의 이런저런 유혹을 이겨낼 수 있었다. 사이토 다카시는 출간하는 많은 책이 독자로부터 사랑을 받는 유명 작가다. 우리나라에서도 〈내가 공부하는 이유〉, 〈혼자 있는 시간의 힘〉, 〈무너지지 않는 마음〉을 포함해 수십 권의 책이 번역되어 인기를 끌기도 했다.

사이토 다카시의 글을 읽으며 '나의 시대는 아직 오지 않았다'는 키워드를 찾아냈다. 그가 니체의 글에서 이 키워드를 찾아냈던 것처럼. 비록 나이는 20대가 아닌 50대에 접어들었지만, 내게는 아직 이루고 싶은 꿈이 많이 남아있기 때문이다.

이제 막 직장생활을 시작하는 20대의 젊은 신입사원들에게 이런 말을 자주 해주곤 한다.

"50대가 된 나의 심장보다 20대를 사는 너희의 심장이 더 뛰지 않는다
면 정말 큰 일이다."

취업이라는 커다란 벽에 부딪혀 미래에 대해 꿈과 목표를 잊고 지냈을 젊은 후배들에게 다시 한 번 자신의 미래를 신중하게 생각하도록 자극을 주기 위함이다. 극적인 효과를 더하기 위해 심장이 있는 부위를 주먹으로 쿵쿵 두드려가며 소리를 높인다. 요즘 젊은들의 상황을 이해하지 못해서 하는 행동은 아니다.

지금은 젊은이들이 미래에 대해 꿈을 꾸기 어려운 시대다. 기계나 로봇

에게 많은 일자리를 내주어야 하는 4차 산업혁명 시대에는 더욱 그렇다. '3포, 5포 시대'를 넘어 '7포 시대'라는 말이 청년들의 미래를 더욱 어둡게 만들고 있다. 젊은이들을 볼 때마다 안쓰러운 마음이 드는 이유다. 그러나 이는 비단 젊은이들만의 문제는 아니다. 중년 세대 역시 그에 못지않게 심각하다. 위태위태한 직장 문제와 더불어 자녀 문제, 은퇴 문제, 노후 문제와 같은 산적한 문제들은 중년들의 어깨를 짓누르고 있다. 젊은 세대나 중년의 세대나 자신의 꿈과 목표는 안중에도 둘 수 없는 그야말로 힘들고 어려운 시대를 사는 것이다.

제4차 산업혁명은 인간의 수명을 120세, 아니 그 이상까지 끌어 올릴 것으로 예측하고 있지만, 직업의 문제, 경제적인 문제가 해결되지 않은 채 오래 살기만 한다면 행복한 삶을 보장받기란 불가능하다. 청년들 앞에서 가슴을 쳐가며 '꿈을 가져라' 떠들어댔지만 미래를 생각하면 답답한 생각이 들기는 나 역시 마찬가지다. 어찌 보면 청년들 앞에서 가슴을 치며 심장 뛰는 삶을 살라고 했던 말은 자신에게 던지는 메시지였는지 모른다. 그렇게 미래를 바라보며 의욕이 꺾일 무렵, 20대의 다카시를 열정으로 이끈 니체의 '나의 시대는 아직 오지 않았다'는 키워드를 발견했다. 그리고 그 키워드는 이제 막 50대로 접어든 중년의 가슴을 다시 한 번 쿵쾅거리게 해주었다. 암담하다고, 답답하다고 한숨만 내쉬고 있기에는 인생이 아직도 50년이 넘게 남아 있었고, 바라고 원하는 꿈은 반도 이루지 못했음을 깨달은 거다.

니체가 말하고 사이토 다카시가 꽃을 피운 키워드는 머지않아 다가올 '나의 시대'를 꿈꾸며 오늘도 새벽 이른 시간부터 책상에 앉아 엉덩이에 땀이 차도록 책을 읽고, 생각하고, 글을 쓰게 만드는 버팀목이 되어주고 있다.

까짓거

"내가 서울대를 다니면서 제일 무서웠던 게 뭔지 알아? 공부 잘하는 그룹과 못하는 그룹의 이질감이 소름을 돋을 정도로 컸다는 거야."

"저는 대통령이 되고 싶습니다. 대통령이 되어서 우리나라를 부강하게 만들고 지금까지 역사에 없었던 대한민국을 만들어 보고 싶고, 세계에 대한민국을 알리고 싶습니다."

초등학교 1학년 일기장에나 나올 법한 이 꿈이 내가 서울대학교에서 만난 정치외교학과 4학년 선배의 꿈이야. 이게 서울대 애들이야. 그런데 내가 지방대에 다니는 친구들을 만나 대화를 나눠보면 그들은 대부분 이런 얘기밖에 안 해.

'돈은 벌 수 있을까?', '먹고 살 수 있을까?', '우리 아버지가 은퇴하시면

퇴직금이 얼만데……'

인생을 바라보는 크기가 너무 다르지 않니? 웃긴 얘기하나 할까? 평소
에는 예쁜 여자가 지나가도 절대 말을 못 걸던 친구가 있었어. '내가 얘
기해 봤자 쟤가 나를 만나 주겠어'라는 생각을 하는 소심쟁이(바른 표현은
소심꾸러기이나 소심쟁이라는 강사의 말을 그대로 인용했다)였지. 그런데 이 친
구가 서울대에 들어가더니 어떻게 달라진 줄 알아? 지나가는 예쁜 여자
애한테 '나랑 사귈래? 싫어? 싫으면 말고.' 이렇게 바뀐 거야. 이게 무슨
변화인 줄 아니? '내가 하면 되는구나' '하면 끝까지 갈 수 있구나' 이런
생각으로 완전히 달라진 거야. 생각에 제한이 없어진 거지. 대학교 4학
년생이 '까짓거 대통령 되자'고 꿈꾸는 것처럼 말이야." (출처, 인터넷)

우연히 보게 된 인터넷에 떠도는 사진 몇 장에서 발췌한 글이다. 대학
입시전문 인터넷 강의(이하 인강)를 하는 강사의 강의 장면을 캡처한 사진
이었다. 강의 장면이 인터넷에 돌아다니는 걸 보면 수험생들에게는 꽤 유
명한 강사였을 것이다. 위의 글은 수업 중에 학생들에게 꿈을 품으라는
뜻으로 해준 그의 이야기다(사진의 자막 내용을 그대로 옮기되 이해를 돕기 위해 약간
의 첨삭을 했다.). 다소 투박한 감이 없지는 않지만 '어떤 꿈을 갖고, 어떤 태
도로 인생을 살아야 하는가'에 대해 어린 학생들의 눈높이에서 말해주고
싶었던 것으로 생각했다. 청소년들에게 '까짓거 한 번 해볼까'라는 배포
를 가지라고 소리를 높이고 있는 거다. 놀랍게도 청소년을 대상으로 해준

말이 중년인 내게도 자극이 되었다. '까짓거'란 키워드가 두 배는 크게 눈에 뜨인 것이다.

맨손으로 시작해 연 매출액 1조 원에 육박하는 회사를 만든 중견기업 최고 경영자와 개인적으로 식사하며 이야기를 나누는 기회가 있었다. 그는 대학 시절 전공했던 경영학과 졸업을 앞두고 친구들이 앞다투어 대기업에 원서를 지원할 때, 성장 가능성이 큰 중소기업을 택했다고 했다. 이유를 묻자 황당한 대답이 돌아왔다.

"빨리 그만두려고."

회사에 다니면서 경영에 필요한 기본적인 지식과 경험만을 얻은 뒤 독립하겠다는 포부가 그에게 있었던 거다. 강남에 큰 빌딩을 소유한 '대기업에 입사했다.'는 친구의 자랑 섞인 이야기를 들으며 그는 속으로 이렇게 말했다고 한다.

"그래 너는 큰 빌딩에서 열심히 근무해라. 까짓거 내가 그 빌딩 살 거다."

이십 대 후반 청년의 이런 맹랑한 배포는 실제 그를 젊은 나이에 적지 않은 규모의 중견기업을 이끄는 최고경영자로 만들어 주었다. 한 사람의

마음속에 품은 꿈과 그것을 이루겠다는 배포, 자기 자신에 대한 믿음이
이루어낸 결과였다.

> "20대 젊은 나이에 승승장구하는 벤처기업 사장들에게 배운 게 있어요.
> 말로는 '하다 보니 잘된 것뿐'이라고 하는데 정말 죽도록 열심히 해요.
> 밖으로 표출하는 감성이야 다른 20대들과 비슷하니 쟤네들은 정말 머
> 리가 좋거나 다른 뭐가 있나 보다. 그렇게 생각했는데 그게 아니더군요.
> 저는 그들 나이에 '왜 이렇게 하는 일마다 안될까' 하는 고민을 했는데
> 그들은 '어떻게 하면 성공하게 할까'를 고민해요. 정말 무섭습니다. 이걸
> 알고 나니 나이가 적어도 함부로 못 하겠더라고요."

서광원이 〈살아있는 것들은 전략이 있다〉(김영사, 2014)에서 중소기업 사
장에게 들었다며 소개한 내용이다. 사람들은 성공에는 거창한 비결, 방법
이 있다고 생각하려는 경향이 있다. 그러나 성공한 사람들의 이야기를 주
의 깊게 들어보면 그들은 한결같이 '특별한 것은 없다'고 입을 모은다

앞서 소개한 중견 그룹 최고 경영자의 이야기를 듣는 내내 '부끄럽다'
는 생각을 했다. 나이도 몇 살 차이 나지 않는 그와 나의 현재 위치를 결
정한 것은 그가 좋은 대학을 졸업했거나, 부모에게 많은 유산을 물려받았
기 때문이 아니었다(그는 소위 SKY대학 출신도 아니었으며, 작은 시골 마을 가난한 농
부의 아들이라고 자신을 소개했다). 그것은 다름 아닌 젊은 시절 마음에 품었던

꿈과 포부, 그리고 '까짓거'라는 배포의 차이였다. 그날 이후 나는 하나의 결심을 했다. 승진에서 누락되면 괴로워하고, 퇴직하면 '뭐해 먹고 사나'라는 걱정이나 하며 시간을 보내지 않기로 한 것이다. 인강 강사의 표현대로 한다면 소심쟁이에서 벗어나 보겠다는 결심이자 '나의 시대'를 본격적으로 준비하겠다는 다짐이었다. 그 시작은 미래에 대해 꿈과 포부를 가슴에 품고, 하나의 키워드를 마음에 새기는 것부터 시작되었다. 삶에 대해 큰 자신감을 얻은 것은 덤이었다.

"까짓거 나도 한 번 해볼까?"

🔑 늙지 않는 청년

전혜성 박사는 여섯 명의 자녀 모두를 세계적 명문 하버드대와 예일대에 보낸 것으로 유명하다. 사람들로부터 부러움을 사기에 충분한 자녀들의 놀라운 스펙은 다음과 같다.

> 장남 고경주, 예일대를 졸업하고 오바마 행정부의 보건부 차관보 역임.
> 차남 고동주, 하버드대를 졸업하고 매사추세츠 의대 교수로 재직.
> 삼남 고홍주, 하버드대 졸업하고 예일대 법대 석좌교수와 로스쿨 학장
>   역임.

막내아들 고정주, 하버드대를 졸업하고 일러스트레이터로 활동.

장녀 고경신, 하버드대 졸업하고 MIT 이학박사 학위 취득.

차녀 고경은, 하버드대 법학박사로 예일대 로스쿨 석좌 교수 재직.

이들의 놀라운 스펙을 보며 두 가지가 궁금해졌다. '전혜성 박사는 자녀들을 어떻게 교육했을까'하는 것과, '전혜성 박사의 부모는 또 그녀를 어떻게 가르쳤을까'하는 궁금함이었다. 이에 대한 힌트를 그녀의 책 〈가치 있게 나이 드는 법〉(중앙북스, 2010)에서 발견할 수 있었다.

"사람은 절대 재주가 덕을 앞서면 안 된다."

"'이 세상에 얼마나 이익을 주었느냐?'에 따라 그 사람의 위대함이 결정된다."

전혜성 박사가 부모에게서 자주 들었던 말이라 한다. 성품을 우선시하는 부모님의 이런 가르침은 자신이 물려받은 가장 소중한 유산이라고 그녀는 회고한다. 이런 유산이 그녀의 자녀들에게 그대로 전해졌음은 당연한 일이다. 능력보다는 인격, 자신보다는 남을 먼저 생각하는 인성과 배려의 정신이 자녀들을 비범하게 만든 비결이었던 거다. 과연 이런 성품과 정신 교육만으로 자녀들이 훌륭하게 성장할 수 있었을까? 여기에는 또 하나의 유명한 일화가 있다.

전혜성 박사는 자녀들이 한창 공부할 나이에 "공부해라"는 말을 한 번도 하지 않은 대신에 자녀들에게 "공부하자"고 말했다고 한다. 자녀교육에 훌륭한 키워드가 아닐 수 없다. 부모가 먼저 공부하는 모습을 보여주면서 자연스럽게 자녀들의 공부 의욕을 고취한 것이다. 공부는 하지 않고 TV 앞에서 깔깔거리는 모습을 보면 "들어가 공부해!"라고 소리를 질렀던 나의 모습을 떠올리고는 얼굴이 뜨거워졌던 기억이 있다.

〈가치 있게 나이 드는 법〉은 그녀가 팔순을 훌쩍 넘겨 쓴 책이다. 그뿐만 아니라, 노령의 나이에도 불구하고 왕성하게 공부하고 있다는 사실을 책의 곳곳에서 찾을 수 있다. 공부는 학생들, 젊은 사람들만 하는 것이라 여겼던 내게는 충격과도 같은 일이었다.

1928년생인 김동길 전 연세대학교 교수 역시 88세라는 나이에 〈나이 듦이 고맙다〉는 책을 펴냈다. 김동길 교수는 책에서 "영원히 젊게 사는 비결이란 어디에도 없다"면서 자신의 나이에 맞게 사는 지혜가 필요하다고 충고한다. 그가 말하는 지혜 중의 하나가 바로 책 읽기, 즉 공부다.

"나는 '좋은 책'을 손에서 놓지 않는 것이야말로 인생 완주의 흔들리지 않는 비법 중 하나라 생각합니다. 책을 손에서 놓지 않은 채 그 가르침을 새기고 사는 노인이라면 인생의 어려움을 맞이할 때 꼬장꼬장한 태도로 누가 무얼 잘못했는지 파헤치느라 남은 정력을 다 소비하는 늙은

이가 되지는 않을 겁니다. 오히려 겨울 뒤에 피어날 꽃 한 송이를 기다리며 기도하거나, 비 온 뒤에 뜨는 무지개를 보며 감격할 줄 아는 노인으로 살게 되리라 봅니다."[1]

철학자 김형석 박사는 '영원한 현역'이라 불린다. 100세에 가까운 고령(高齡)에도 저작 및 강연 활동을 왕성하게 이어가고 있기 때문이다. 그가 청년과 같은 삶을 살아가는 비결은 무엇일까? 97세에 출간한 〈백 년을 살아보니〉에서 다음과 같은 비법을 공개했다.

"사람은 성장하는 동안 늙지 않는다."

나이가 들면 인간의 육체는 쇠약해진다. 그것이 자연의 이치다. 그러나 정신만은 전혀 그렇지 않다고 김형석 박사는 강조한다. 그리고 그 사실을 몸소 증명해내고 있다. 그의 책에는 결코 늙지 않는 청년들이 여럿 등장한다.

"내 가까운 친구였던 김태길 서울대 교수는 76세 때 '한국의 가치관'에 관한 책을 내놓았다. 88세까지 노쇠 현상을 크게 나타내 보이지 않았다. 또 한 친구인 안병욱 교수도 94세에 작고했다. 병중에 있던 4, 5년을 제외한다고 해도 89세까지는 일을 계속한 셈이다. 성결교의 좋은 지도자였던 정진경 목사는 88세까지 정상적으로 일하다가 다음날 일정을 짜놓고 잠든 것이 영면으로 이어졌다. 김수환 추기경은 병으로 불편은 했으나 87세까지 영향력을 보여준 셈이다."

이들이 젊음을 유지하면서 장수할 수 있었던 비결은 바로 '일'이었다. 심지어 김형석 박사는 '누가 건강한가'라는 질문에 "누가 더 일을 많이 하는가"를 살피면 된다고까지 말한다.

사람들과 이야기를 나누다 보면, 지긋지긋한 직장생활을 끝내고 은퇴하면 여행이나 다니면서 인생을 즐기고 싶다는 이야기를 듣곤 한다. 귀가 얇은 나는 이런 이야기에 공감하며 '나도 그렇게 살 것'이란 다짐을 하곤 했다. 그러나 전혜성, 김동길, 김형석 박사와 같은 나이 들어도 늙지 않는 청년들을 보며 마음을 고쳐먹었다. 노년을 새롭게 설계해야 한다는 생각을 하기 시작한 거다.

'100세 시대, 120세 시대'라는 말이 자주 들려오는 요즘, 여행이나 다니면서 삶을 여유롭게 즐기는 데는 한계가 있다. 건강도 건강이지만 그럴 만한 자금을 모으기가 쉬운 일이 아니다. 노년을 어떻게 즐기며 살 것을 고민하기보다, 어떻게 해야 평생 늙지 않고 건강하게 사는 방법을 모색하는 것이 훨씬 현명해 보이는 이유다.

오래전 동아일보 칼럼에 실렸던 '어느 95세 노인의 수기'가 세간(世間)에 화제가 된 적이 있었다. 너무 유명해서 누구나 한 번쯤은 읽어보았을 글이다. '늙지 않는 비결'에 대한 해답을 찾는 의미에서 전문을 옮겨 적는다.

나는 젊었을 때
정말 열심히 일했습니다.
그 결과
나는 실력을 인정받고 존경을 받았습니다.

그 덕에
63세 때 당당한 은퇴를 할 수 있었죠.
그런 지금 95번째 생일에
얼마나 후회의 눈물을 흘렸는지 모릅니다.

내 65년의 생애는 자랑스럽고 떳떳했지만,
이후 30년의 삶은
부끄럽고 후회되고 비통한 삶이었습니다.
나는 퇴직 후
'이제 다 살았다. 남은 인생은 그냥 덤이다.'
라는 생각으로 그저 고통 없이 죽기만을 기다렸습니다.

덧없고 희망이 없는 삶……

그런 삶을 무려 30년이나 살았습니다.

30년의 세월은

지금 내 나이 95세로 보면……

3분의 1에 해당하는 기나긴 시간입니다.

만일 내가 퇴직을 할 때

앞으로 30년을 더 살 수 있다고 생각했다면

난 정말 그렇게 살지는 않았을 것입니다.

그때 나 스스로가

늙었다고, 뭔가를 시작하기엔 늦었다고

생각했던 것이 큰 잘못이었습니다.

나는 지금 95세지만 정신이 또렷합니다.

앞으로 10년, 20년을 더 살지 모릅니다.

이제 나는

하고 싶었던 어학 공부를 시작하려 합니다.

그 이유는 단 한 가지……

10년 후 맞이하게 될 105번째 생일날!

95세 때 왜 아무것도 시작하지 않았는지

후회하지 않기 위해서입니다.[2]

무명의 95세 노인은 자신의 은퇴 후 30년을 돌아보며 '부끄럽고 후회된다'고 털어놓는다. 비통하다고까지 말한다. 사람들은 대체로 장수(長壽)를 으뜸의 복으로 꼽는다. 그러나 살아갈 날이 남아있음에도 아무런 희망도 없고, 할 수 있는 일도 없다면 오래 살수록 복이 아니라 재앙이 된다. 95세의 노인이 그토록 많은 나이에 어학 공부를 시작한 이유는 남은 생에 대해 희망과 할 일을 찾기 위함이었을 것이다.

고(故) 신영복 선생은 민청학련 사건으로 20년간이나 감옥생활을 했다. 감옥생활을 하며 부모님과 형제들에게 쓴 편지를 묶어 〈감옥으로부터의 사색〉이라는 책을 출간하기도 했다. 그는 어머니에게 보내는 편지에서 '끊임없이 배우시라'고 당부한다. 그것이 좋은 시어머니이자 늙지 않는 비결이라고 생각했기 때문이다.

"제가 어머님께 바라는 것은 젊은 사람한테 자꾸 배우시라는 것입니다. 옛날 같지 않아 이제는 점점 젊어 가는 노인이 되셔야 합니다. 진정 젊어지는 비결은 젊은이들로부터 새로운 것을 배우는 길밖에 없는 것입니다."

나는 전혜성, 김형석 박사, 김동길 교수, 신영복 교수와 같은 학자도 아니고, 철학자도 아니다. 그러나 죽을 때까지 공부하는 것이 학자만이 가질 수 있는 특권이 아니라는 것쯤은 알고 있다. 어느 95세 노인의 고백을 읽으며 나 역시 90세, 100세의 생일에 인생을 돌이켜 보면서 "40대, 50대, 60대였을 그때부터 무엇인가 할 걸……"이란 후회를 하지 않으리라는 다짐을 했다. 죽을 때까지 계속 배우고 공부하겠다는 목표를 세우게 된 이유다. 그래서 50대를 살아가는 오늘도 해외여행 계획을 세우기보다 누군가 공부라고 부르는 책을 읽고, 2, 30대의 젊은 사람들이 모인 곳에서 부끄럼을 무릅쓰고 무언가를 배우는 일을 마다치 않고 있는 거다. 백 세를 살아본, 백 세를 후회 없이 살아본 그래서 '영원한 현역'이 된 김형석 박사는 이렇게 말했다.

"아무리 40대라고 해도 공부하지 않고 일을 포기하면 녹스는 기계와 같아서 노쇠하게 된다. 차라리 60대가 되어서도 진지하게 공부하며 일하는 사람은 성장을 멈추지 않는다."

| 02 |

자기계발을 자극하는 키워드

WORD

🔑 오늘의 10분

한국교육학술정보원(KERIS)이 2017년 3월에 발표한 '2016 대학 도서관 통계 분석 자료집'에 따르면 전국 406개 대학의 재학생 1인당 평균 2016년 도서 대출 권수는 7.2권이었다고 한다. 이는 지난 5년 동안 꾸준히 감소하는 수치이기도 했다. 2011년 대학생 1명당 평균 대출 권수는 10.3권이었던 것이 2012년에 9.6권, 2013년 8.7권, 2014년 7.8권이었고 2015년에는 7.4권으로 조사되었다.[1]

뉴스를 보며 나의 대학 시절을 떠올렸다. 전공 서적을 제외하면 일 년에 한두 권의 책도 채 읽지 않던 부끄러운 시절이었다. 대학 2학년이 끝나갈 무렵이었던가? 친구 몇 명과 함께 나간 미팅 자리에서 상대 여학생의 "요즘 무슨 책을 읽고 있나요"란 질문에 얼굴이 붉어지고 등에 땀이 났던 기억이 아직도 생생하다.

이런 내가 억지로라도 책을 펴들 수밖에 없었던 계기가 있다. 대학을 졸업하고 직장에 취업하게 되면서다. 불행(?)하게도 첫 직장은 지금까지 독서경영으로 유명한 회사였다. 회사에서 정해놓은 필독서를 읽어야만 했다. 그렇지 않으면 인사상의 불이익을 당해야 하기 때문이다. 이런 강제적인 책 읽기는 불만스럽고 힘든 일이기는 했지만, 책 읽기의 의미와 필요성을 깨닫게 해주었다. 문제가 있었다. 책 읽는 습관이 전혀 되어 있지 않다는 거였다. 책과는 담을 쌓고 살아왔기에 책 읽기는 그야말로 고역(苦役)처럼 느껴졌다. 한 권의 책을 읽어 내는 것은 자신과의 피나는 싸움을 의미했다. 조금도 과장하지 않은 표현이다. 당시의 책 읽기를 '전쟁 같은 책 읽기'라고 이름 붙인 이유다.

한 권의 책을 읽으려면 꽤 오랜 시간이 필요했다. 책에 대한 흥미 없이 억지로 읽다 보니 책의 내용을 삶에 적용하기는커녕 내용을 기억한다는 것 자체가 쉬운 일이 아니었다. 이렇게 힘들고 고통스러운 책 읽기를 습관화하기 위해서는 방법을 찾을 필요가 있었다. 그렇게 해서 만들어진 키워드가 '오늘의 10분'이다. 하루 24시간 중에 10분 만이라도 책을 읽겠다는 다짐이 담긴 키워드였다.

그때부터 키워드 '오늘의 10분'을 지금까지 꾸준히 이어오고 있다. 습관이 되었다는 뜻이다. 물론 지금은 훨씬 더 많은 시간을 책 읽기에 할애한다. 그러나 '오늘의 10분'이란 키워드가 없었다면, 그것을 습관화하지 못했다면 일 년에 백오십 권 정도의 책을 읽는 현재의 나는 존재하지 않았을 것이다. 키워드가 오랜 기간 숙성되어 한 사람의 인생을 바꾸는 자양분이 되어주었다는 증거다. 어떤 사람은 '10분으로 책을 얼마나 읽을 수 있겠어'라는 생각을 할지 모른다. 그렇다면 먼저 10분이라는 짧은 시간의 '놀라운 힘'에 대해 먼저 살펴보기로 하자.

지난 2010년 KBS 프로그램인 '수요 기획'에서는 '하루 10분의 기적'이라는 제목의 다큐멘터리가 방영되었다. 방송에서는 10분의 힘을 보여주는 몇 가지의 사례가 소개되었다.

한 화장품 공장에서는 업무 시작 전 10분 동안 직원들에게 탈춤을 추게 했다. 이 회사가 탈춤을 도입한 이유는 많은 직원에게 나타나는 요통 증세를 예방하기 위함이었다. 놀랍게도 10분간의 탈춤을 시작한 이후 요통 환자는 급감했고, 산업재해보험료도 수천만 원이나 줄어들었다고 한다.

대구의 한 초등학교에서도 10분의 힘이 증명됐다. 이 학교 학생들은 등교 후 10분 동안 수학 문제를 푼 뒤 일과를 시작해야 했다. 결과는 예상하는 대로다. 학생들의 성적이 눈에 띄게 올랐을 뿐만 아니라, 수리능력 평가에서도 90%가 넘는 학생들이 1~3등급을 받는 괄목할만한 향상을 이루어 냈다.[2]

일상생활 속에서도 10분의 힘을 쉽게 발견해낼 수 있다. 우리는 거의 매일 아침마다 '10분만 더 자면 쌓인 피로가 모두 풀릴 것 같다'는 생각을 하며 눈을 뜬다. 늦은 밤, 헤어져야 하는 애인의 손을 붙들고 '10분 만이라도 더' 함께 있고 싶어하는 것은 모든 연인의 공통된 소망이다. 스마트폰을 들여다보며 게임을 하고 있는 아이들에게 '게임은 그만하고 공부해!'라고 소리 지르면 아이들의 입에서는 '10분만'이라는 말이 자동으로 튀어나온다.

이렇게 10분은 우리의 삶에 활력을 주고, 갈증을 풀어주기에 충분한 시간이다. 짧아 보이는 10분이라는 시간을 '어떻게 효율적으로 활용하는가'에 따라 많은 일을 할 수 있을 뿐만 아니라, 개인의 미래까지도 달라질 수 있다는 사실을 말하고 싶은 거다.

강의장에서 교육생들에게 자주 하는 질문이다.

"1년에 몇 권 정도 읽어야 책을 많이 읽는다고 말할 수 있을까?"

이 질문에 대한 대답은 천차만별이다. '100권 이상, 50권 이상, 30권 이상……' 어떤 사람은 다섯 권만 읽어도 좋겠다고 말하는 경우도 있다. 사람마다 차이는 있으나 대개 '1년에 20~30권 정도면 많이 읽는 것'이라는 대답이 평균적이다.

이는 2015년 성인들이 읽은 종이로 된 책 9.1권에 두 배가 넘는 수치다(2016년 3월 문화체육관광부가 발표한 '2015년 국민 독서 실태 조사' 참조). 교육생들이 말한 것처럼 1년에 20~30권 정도 읽는다면 다독가(多讀家)로 불러도 무방한 이유다. 나는 지금부터 하루에 10분만 투자해서 일 년이면 20~30권 정도의 책을 읽는 방법에 관해 이야기하려 한다. 여기에는 전제되는 조건이 있다. 반드시 하루에 10분은 책 읽기에 투자해야 한다는 것과 10분이 갖는 '엄청난' 힘을 믿어야 한다는 것이다.

하루에 10분을 활용해서 책을 읽는다고 했을 때, 1년이면 몇 권의 책을 읽어 낼 수 있을까? 뻔한 대답 같지만 '사람마다 다르다'가 정답이다. 책의 분량이나 난이도, 그리고 사람마다 책을 읽는 속도의 차이가 존재하기 때문이다. 따라서 이후에 나오는 수치는 평균적인 수치임을 고려해서 이해해주기 바란다.

보통의 경우 10분이라는 시간에 읽을 수 있는 책의 분량은 많게는 30쪽에서 적으면 10쪽 정도다(여러 번 실험을 통한 나의 경험을 기준으로 했으며, 속독법을 배운 사람이나, 내용이 힘들고, 분량이 두꺼운 전문서나 인문서는 예외로 했다). 최근 서점에는 짧은 시간에 책을 읽어내는 방법에 대해 알려주는 책들이 잇달아 출간되고 있다. 마치 유행이라도 된 것처럼 말이다. 나름대로 효용이 없지는 않겠으나, 나는 될 수 있으면 정독(精讀)해야 한다는 의견이다. 여기서는 정독한다고 했을 때 평균이 되는 수치인 10분 동안 약 15~20쪽 정도를 읽는 것으로 가정해보겠다. 이렇게 하루에 10분 동안 책을 읽어 10일이 지나면 150~200쪽을 읽을 수 있게 된다. 그렇다면 한 달이 지난 후에는 얼마 정도를 읽게 될까? 지나치게 단순한 산술 문제로 약 450~600쪽이 된다.

최근 출간되는 책이 적게는 200쪽에서 많게는 350쪽 정도라고 볼 때, 한 달이면 250쪽 내외의 책 두 권 정도를 읽을 수 있다고 계산할 수 있다. 한 달에 두 권은 일 년이 쌓이면 24권이 된다. 이는 놀랍게도 앞에서 다독가의 기준으로 삼았던 20~30권에 해당하는 수치다. 하루에 단 10분 동안만 책을 읽었을 뿐인데 말이다. 물론 일 년에 24권의 책을 읽지 못할 수도 있다. 예외의 상황이 항상 존재하기 때문이다. 숫자에 너무 연연할 필요는 없다. 하루 10분 동안 다섯 페이지만 읽으면 어떤가? 일 년에 10권밖에 책을 읽지 못하면 또 어떤가? 오늘 내가 10분을 투자해서 미래를 위해 무엇인가 하고 있다는 사실이 중요하다.

아주 작아 보이는 10분도 1년이 모이면 3,650분이며 이는 60시간에 해당하는 수치다. 하루 8시간 동안 몸을 조금도 움직이지 않고 책만 읽는다고 했을 때 7.6일이나 되는 시간이다. 티끌이 모여 태산을 이루듯 10분도 쌓이니 꽤 긴 시간이 된다는 것을 알 수 있다. 그렇다면 이제 '오늘의 10분'을 어떻게 만들 것인가에 대해 살펴볼 차례다.

지하철을 타면 대부분 사람이 스마트폰을 들여다보고 있는 모습을 쉽게 발견한다. '스마트폰 끄고 책 읽으라는 소리구나'라는 생각을 했을 것이다. 그렇다. 정답이다. 그 말을 하려고 한다. 그러나 나는 무조건 스마트폰을 끄고 그 시간에 책을 읽으라는 말을 하지는 않겠다.

정보를 얻기 위해 뉴스 검색도 해야 하고, 쌓인 스트레스를 풀기 위해 게임도 해야 한다. 우리에게 즐거움을 주는 웹툰도 봐야 한다. 가까운 사람과 메신저로 대화도 해야 한다. 괜찮다. 다 하자. 꼭 필요한 일들이다. 그런데 그중에 10분만, 딱 10분만 자신의 미래를 위해 투자해보자는 말을 하려는 거다. 그렇게 10분 동안만 책을 읽고, 시간이 지나면 책을 덮으면 된다. 그리고 다시 스마트폰을 켜자. '지하철에서 책 읽는 사람이 가장 섹시하다'는 설문조사 결과가 스마트폰을 잠시 끄고 10분이라도 책을 펼칠 수 있는 동기를 제공할 수 있으면 좋겠다.

그렇다면 지하철을 타지 않는 사람은 어떻게 '오늘의 10분'을 만들 수 있을까?

직장이나 학교에서 일과 공부를 마치고 집으로 돌아오면 쌓인 하루의 스트레스와 피로를 풀기 위해 드라마나 예능과 같은 TV 프로그램을 보게 된다. 어떤 사람은 컴퓨터 게임을 할 수도 있다. 그래야 한다. 미래도 중 요하지만 지금 이 순간도 소중하기 때문이다. 나는 TV도 보지 말고, 게임 도 하지 말라는 이야기를 하려는 것이 아니다. 단지 그중에 10분, 딱 10 분만 내보라는 말을 반복해서 외치고 있는 거다. 지금만큼은 아니지만, 우리의 미래도 너무나 소중하기 때문이다. 드라마 방영 전후, 게임 전후, 잠들기 전. 언제라도 좋다. 딱 10분만 만들어 보자. 그리고 책을 펴자.

사람들은 모두 바쁘다고 외친다. 그래서 시간이 없다고 말한다. 그러 나 찾지 않았을 뿐이지, 주의 깊게 돌아보면 뜻밖에 10분이라는 시간을 만들기란 그리 어려운 일이 아니다. 단지 '10분 정도로 뭐가 바뀌겠느냐' 며 시도하지 않았을 뿐이다. 출퇴근 시간도 좋고, 퇴근 이후에도 좋고, 모 든 자기계발서에서 말하는 것처럼 아침 이르게도 좋다. 다다익선(多多益善) 이라 시간을 될 수 있는 대로 많이 낼 수 있으면 좋겠지만 그럴 필요 없 다. 괜한 욕심을 부리다 작심삼일로 끝나버릴 수 있기 때문이다. 10분이 면 충분하다. 그 10분을 마음에 새겨 습관화할 수만 있다면 혹시 모르게 듣게 될 '지금 무슨 책 읽으세요', '1년에 몇 권이나 책을 읽으시나요'라는 질문에 당당해질 수 있다. 1년을 헛되게 살지 않았다는 뿌듯함도 얻을 수 있다. 여기에서는 독서를 예로 들었지만, 꼭 독서가 아니어도 좋다. 운동 이 될 수도 있고, 영어회화일 수도 있다. 시간이 없다는 이유로 미루어 두

/ 2부 실전 키워드

었던 이루고 싶은 한 가지를 정해서 일단 '오늘의 10분'을 시작해보자. 오늘의 10분을 실행해 보려는 독자를 위해 부록으로 양식을 제공해 두었다.

책 읽기에 대한 이야기가 나온 김에 어렵고 지루한 책을 끝까지 읽어낼 수 있는 키워드를 소개해보자. 책을 읽다 보면 모든 책이 재미있고, 유익한 것만은 아니다. 나 역시 어렵거나, 재미없는 책을 읽다가 덮어버린 경험이 꽤 있다(이 책을 읽는 독자도 몇 번씩 그런 충동을 느꼈을지 모른다). 그런데 앞부분만 읽다가 어렵다고 덮어둔 책을 회사의 필요 때문에 다시 읽어야 하는 일이 있었다. 그렇게 다시 읽게 된 책에서 유익한 내용이 쏟아져 나오는 놀라운 경험을 했다. 심지어 재미있기까지 했다. 이런 경험을 하고 난 뒤에 '200페이지까지 읽기'라는 키워드를 만들어냈다. '덮어버리더라도 200페이지까지는 읽겠다'는 의미의 키워드다. 이 키워드는 책 읽기에 대한 인내심을 가져다주었고, 200페이지까지 읽으면 '여기까지 읽었는데……'라는 생각에 끝까지 읽으려고 노력할 수 있게 해주었다. 힘들고 어려운 책을 200페이지 이상 읽어가기 시작하면서 책을 읽는 깊이가 달라진 것은 보너스였다. 200페이지라는 말이 부담스럽게 느껴진다면 50페이지, 100페이지로 끊어서 가면 된다. 무엇이든 얽매일 필요는 없다는 뜻이다.

여기까지 큰 문제 없이 공감한 독자라도 이제 중대한 한가지의 문제에 직면한다. 바로 책을 사는 문제다. 꼭 내야 할 돈이지만 낼 때마다 아깝게 느껴지는 것이 있다. 주차료가 그렇다. 기껏해야 1만 원을 넘지 않는 주차료를 낼 때마다 생돈이 나가는 것처럼 아깝다는 생각을 하곤 한다. 한 때 책을 사는 일이 그랬다. 읽지도 않을 책을 사는데 왜 안 그랬겠는가? 독서 경영을 하는 첫 직장에서 받은 자극으로 읽지는 않더라도 매달 한두 권 이상의 책을 사들였다. 신입사원 시절 누군가에게 들은 '10% 규칙' 때 문이었다. 자신이 받는 급여의 10%는 자신의 미래를 위해 투자하라는 말 이 마음에 꽂혔던 거다. 나는 아직 책을 사는데 급여의 10%를 투자해본 적은 없다. 이유는 아깝기 때문이다. 대신 월 2~3만 원 정도는 책을 사는 데 쓰려고 노력했다. 2만 원이면 20년 전에는 두 권을 사고도 남는 금액 이었다. 그러나 이제는 1~2만 원이 더 필요하다. 미래를 위해 이 정도의 금액은 투자해야 한다는 게 나의 생각이다. 봉투를 준비해 무조건 일정 금액(3~5만 원으로 시작하면 적당하다)의 책값을 집어넣은 뒤 '이 돈은 내 돈 아 니다.'라고 외쳐보자. 마음이 한결 가벼울 것이다. '커피 몇 잔 안 마시면, 술자리 한 번 줄이면'이라는 해묵은 표현을 빌려서라도 적극적으로 추천 하고 싶은 방법이다.

🔑 한 달에 10분씩

강의하며 교육생들에게 '오늘의 10분'이라는 키워드를 활용해 책을 읽어 보라는 말을 하면 대부분 '한번 해보겠다'는 의지를 보인다. 실제 많은 사 람에게 교육 이후에도 '오늘의 10분'을 실행하고 있다는 피드백을 받기도 했다. 이런 일이 가능한 이유는 10분이 주는 만만함 때문이다. 이 만만한 시간 10분이 나를 새벽형 인간으로 만들어주기도 했다.

현재 나의 기상 시간은 오전 4시 20분이다. 이보다 훨씬 일찍 일어나는 사람이라면 "뭘 그 정도를 갖고 자랑하듯 이야기하느냐"고 반문할지 모른다. 그러나 4시 20분이란 이른 시간에 일어난다는 것은 상당한 의지와 노력이 필요한 힘든 일이었다. 원래 나의 기상 시간은 오전 6시였다. 출근 시간에 늦지 않기 위해 알람 소리에 의지하여 힘겹게 일어나던 시간이다. 그런데 지금은 그보다 1시간 40분이나 더 빨리 일어나고 있는 거다. 이렇게 기상 시간을 획기적으로 당겨 준 키워드가 있다. 바로 '한 달에 10분씩'이다.

2014년 연초, 오랜 기간 KBS 제2라디오 '이영권의 경제포커스'를 진행한 이영권 박사의 강의를 듣게 되는 행운이 있었다. 저술활동이나 방송활동으로 바쁘고 유명한 분이었기에 3~40명밖에 참석하지 않는 토요 강좌의 강사로 나선 그를 보며 조금은 놀랐던 기억이 있다. 그는 인생의 후배들에게 편안한 목소리로 그러나 호소력 있게 성공비결 몇 가지를 알려주었다. 그중에 인상적으로 다가온 키워드가 있었다. '일주일에 10분씩만 일찍 일어나라'가 그것이다.

이영권 박사는 많은 자기계발 강사들이 이야기하는 것처럼 성공하려면 아침형 인간이 되어야 한다고 강조했다. 그는 무조건 아침형 인간이 되라 고만 말하지 않고 '일주일에 10분씩만 일찍 일어나라'는 나름의 실행방법 을 제시했다.

자기계발에 관련된 책을 읽거나 강의를 듣다 보면 아침 시간의 중요성 을 강조하는 경우를 자주 접하곤 한다. 아침의 한 시간은 오후의 두세 시 간에 맞먹는다는 이야기에 대부분 사람은 '나도 이제 아침형 인간이 되겠 다'고 다짐하는 경우가 많다. 그런 다짐을 하고 다음날부터 평소보다 한 두 시간씩 일찍 일어나게 되면 당연히 몸이 버텨내지 못한다. 생체리듬이 깨져 버리기 때문이다. 결국, 삼일 정도가 지나면 '아침형 인간'은 남의 이야기가 되고 만다. 나도 그중 하나였다.

대부분 사람이 이런 실패를 겪는다는 사실을 잘 알고 있던 그는 '욕심 부리지 말고 6주 정도의 시간을 갖고 기상 시간을 당겨보라'는 제안을 했 다. 일주일에 10분씩 줄여서 6주 동안 한 시간을 줄이라는 뜻이었다. 그 렇게 되면 생체 리듬도 변화에 자연스럽게 따라올 수 있을 뿐만 아니라, 아침 시간을 활용해서 많은 일을 할 수 있을 것이라 조언했다. 그의 말을 듣는 순간 평소 활용해오던 '오늘의 10분'이라는 키워드와 맞물려 '할 수 있겠다'는 자신감이 생겼다. 게다가 글을 써야 하는 등의 이유로 '기상 시 간을 당겨야 한다'는 생각을 하고 있던 터라 그냥 흘려 듣지 않고 키워드 노트에 적었다.

부담이 전혀 없는 것은 아니었다. 일주일에 10분이라는 말은 결국 아침의 달콤한 잠을 포기해야 한다는 뜻이기 때문이다. 이런 생각에 의지가 꺾이려는 순간, 스스로 한가지 타협안을 내놓았다. 일주일 말고 '한 달에 10분씩 줄이자'라는 타협안이다. 내 생체리듬은 내가 잘 알고 있으니 좀 더 여유를 갖고 6개월 작전으로 '기상 시간 한 시간 당기기 프로젝트'에 돌입하자고 나름 그럴듯한 핑계를 만들어냈다. 그렇게 해서 '한 달에 10분씩'이라는 키워드가 만들어졌다. 그렇게 6개월이 지나자 아침 5시에 일어나는 일을 무리 없이 할 수 있게 되었다.

지금은 '한 달에 10분씩'이란 키워드는 사라지고 없다. 대신 그 자리를 새로운 키워드가 차지하고 있다. 내가 궁극적으로 목표로 하는 기상 시간은 새벽 4시다. 5시 기상이 자연스러워지자 새롭게 생긴 목표다. 그때 또 한 번 '부담스러움과 핑계, 타협안'의 사이클이 머리를 복잡하게 했다. 결국, 스스로와의 타협 끝에 만들어진 키워드는 '일 년에 10분씩'이다. 10분씩 줄이되 1년에 10분씩 줄이자는 의미였다. 갑자기 부담이 사라졌다. 또 한 번 '그 정도면 못하겠나'라는 자신감이 생겼다. 이런 과정을 거쳐 현재 기상 시간 알람은 4시 20분에 맞춰져 있다. 목표인 '새벽 4시 기상'은 앞으로 2~3년이 지나면 달성되어 있을 것을 확신하는 이유다.

나는 의지력과 결단력이 뛰어난 대단하고 비범한 사람이 아니다. 새벽 4시에 일어나겠다고 결심하면 당장 내일부터 그렇게 할 수 있는 사람이 아니라는 말이다. 오히려 작심삼일로 결심을 포기해버린 경험이 훨씬 많은 보통사람이다. 그러나. 시간이 조금 걸리기는 했어도 보통 중의 보통 사람인 내가 새벽 4시에 일어나는 비범한 사람이 되어가고 있다. 그것은 다름이 아닌 '한 달에 10분씩', '일 년에 10분씩'이라는 지극히 단순한 키워드 덕분이다.

🗝 열정의 습관화

성공한 사람들의 스토리를 강연으로 듣거나, 책으로 읽다 보면 빠지지 않고 등장하는 키워드가 있다. 형태는 다르지만 동일한 의미의 키워드들이다.

'한결같이', '꾸준히', '끊임없이', '쉬지 않고', '매일'

바라는 목표는 다르고, 하는 일도 다르지만 성공한 사람들에게는 자신만의 행동 하나를 중간에 포기하거나 그만두지 않고, 오랜 기간 성실히 유지해왔다는 공통점을 찾을 수 있다. 사실 '어떻게 해야 성공할 수 있을까'를 모르는 사람은 없다. 현재 자신이 일하고 있는 분야에서 성공하려면 무엇을 해야 할지 세 가지만 떠올려보자. 아마도 어렵지 않게 생각해

낼 수 있을 것이다. 그러나 알고 있는 성공비결을 삶에서 꾸준히 실행할 수 있느냐는 완전히 다른 문제다.

수년 전, 스타 강사인 김미경 더블유인사이츠 대표의 인터뷰 장면을 영상으로 본 적이 있다. 영상에서 김미경 대표는 강사가 되고 싶어하는 사람을 여럿 만났다고 했다. "그들은 말을 좀 한다는 것 외에 강사가 되기 위한 다른 어떤 노력도 하지 않는다"며 김미경 대표는 안타까워했다. 열정이 부족하다는 얘기였다.

성공하고 싶은 마음, 무엇을 해보겠다는 다짐 같은 것을 그녀는 '열정'이라는 키워드로 표현하고 있었다. 예를 들면 '강사가 되고 싶다' '살을 빼고 싶다'와 같은 마음을 갖게 하는 욕구 혹은 소망이 열정이라는 것이다. 그런데 사람들은 그 열정을 이루기 위해 반드시 필요한 책 읽기나 지식 쌓기, 운동하기와 같은 값 지불은 하기 싫어한다고 지적한다. 열정을 품기는 하지만 그 열정을 습관화하지 않기 때문에 성공할 수 없다는 것이 인터뷰의 요지였다. 인터뷰를 마무리하면서 김미경 대표는 꿈을 이루고 싶어하는 사람들에게 이렇게 당부했다.

"지금 가진 열정을 습관화하십시오. 그러면 성공할 수 있습니다."

사람은 누구나 성공을 꿈꾼다. 그리고 그 성공을 향해 무엇인가를 시도한다. 영어 소통을 위해 회화 학원에 등록하기도 하고, 건강을 위해 헬스클럽의 회원이 되기도 한다. 책을 읽어보겠다고 서점에서 십 수권의 책을 사기도 한다. 문제는 이런 시도가 오래가지 않는다는 데 있다. 3개월짜리 헬스클럽 회원권을 끊었다가 "삼사일밖에 가지 못했다"고 한숨을 쉬거나, 사놓은 책에 먼지가 수북이 쌓이는 경험은 나만 겪었던 일은 아닐 것이다. 마음에 품은 열정을 습관화하지 못했기 때문에 생기는 일이다.

'꿈을 크게 가지라'고 사람들은 이야기한다. 맞다. 꿈은 클수록 좋다. 그러나 아무리 큰 꿈을 가졌다 해도 행동은 작게 시작해야 한다. 산을 오를 때 목표는 정상에 두지만, 시선은 한 걸음 앞에 두어야 하는 것과 같은 이치다. 꿈과 그것을 이룰 행동이 함께 크다 보면 모처럼 시작한 행동을 습관화하기란 상당히 어려운 일이 되고 만다.

이런 때에도 유용한 키워드가 '오늘의 10분'이다. 예를 들어 마음에 품은 열정이 다이어트 혹은 배에 굵게 새겨진 초콜릿 복근이라 해보자. 그렇다면 먼저 집에서 팔굽혀펴기나 윗몸 일으키기를 매일 10분씩 한두 달의 시간 동안 습관화 하자. 그것이 습관화되면 그때 헬스클럽에 등록해도 늦지 않는다. 아까운 돈을 낭비하지 않아도 되는 거다. 열정이 영어회화라면 매일 단어나 문장을 5~10개 정도씩 외우기 시작해 그것이 습관화되면 학원에 등록하자. 이런 방법으로 책도 읽고, 아침에도 일찍 일어나는 도전을 시작하자. 열정도 중요하지만, 그 열정을 습관화하는 것이 훨씬 더 중요하다는 얘기다. 사마천은 〈사기〉에 이렇게 적었다.

"주저하는 준마보다 꾸준히 가는 둔마가 낫다"

가슴 뛰는 열정을 마음에 품었는가? 그렇다면 일단 작게 시작하자. 한 걸음부터 옮겨 놓자는 뜻이다. 그 한 걸음을 습관화하자. 빨리 걸을 필요도 없다. 여기서 내가 사랑하는 키워드 '매조천'을 소개한다. '매일, 조금씩, 천천히'란 뜻이다. 매일 조금씩 천천히 한 걸음씩 옮기다 보면 우린 어느새 천 리 길에 이를 수 있을 것이다.

🔑 배우려는 자세

한때 MBC의 최고 아나운서로 손꼽히던 김성주는 돌연 회사를 그만두고 프리랜서 생활을 시작한다. 아마도 자신의 인기와 실력에 대한 자부심이 있었기 때문일 것이다. 그러나 예상과는 다르게 그가 방송에서 자신의 입지를 되찾는 데는 꽤 오랜 시간이 필요했다. 그 시절의 어려움을 SBS 힐링캠프라는 프로그램에서 이야기하기도 했다. 힐링캠프의 MC였던 이경규는 김성주에게 다소 도전적인 질문을 한다.

"예능 맛 좀 보더니 회사 나오면 유재석이나 강호동 정도 될 수 있다 생각해 뛰쳐나온 거냐? 예능 바닥이 만만해 MBC를 뛰쳐나온 거냐?"

곁에서 듣는 사람의 등에도 땀이 맺힐 만한 송곳과 같은 질문이었다. 이 질문에 김성주는 솔직하게 답한다.

"정확히 말씀드리면 충분히 유재석, 강호동, 이경규 다 따라잡을 수 있다고 생각했다. 뒷받침만 되면 난 충분히 재능이 있다고 생각했다. 잘나가는 강호동 등 MC를 보면서 질투와 시샘이 나더라. 누군가 잘된 것만 보면 질투가 날 수도 있지만, 누군가가 왜 잘 됐는지를 먼저 생각했다면 배우려고 노력했을 거다."

변화를 위해 개인이 갖추어야 할 첫 번째 소양은 무엇일까? 이 질문에 대해 조금의 주저함 없이 '배우려는 자세'라 말하고 싶다. 김성주 아나운서의 말에서도 이와 비슷한 '배우려는 노력'이라는 키워드가 발견된다. 사실 배우려는 자세는 성공한 사람들이 비밀처럼 가진 공통된 소양이다. 공자가 그랬고, 피터 드러커가 그랬다.

논어의 〈公冶長篇第五 공야장편제오〉 편에서 공자는 자신의 배움에 대한 욕구를 이렇게 표현한다.

十室之邑, 必有忠信如丘者焉, 不如丘之好學也 (십실지읍 필유충신여구자언

불여구지호학야)

"열 가호 되는 조그만 마을에도 반드시 나만큼 충직하고 믿음직스러운

사람은 있을 거야. 그러나 나만큼 배우기를 좋아하는 사람은 없을걸!"[3]

"컨설턴트로서 나의 가장 큰 장점은 아는 척하지 않고 이것저것 물어보

는 것이다."

현대 경영학의 아버지라 불리는 피터 드러커의 말이다. 이뿐 아니다.
미래학자 앨빈 토플러 역시 "배우려 하지 않고 헌 지식을 버리지 않으며
재학습하지 않는 사람은 21세기의 문맹(文盲)"[4]이라 했고, 리더십 전문가
워런 베니스는 리더와 직원을 구분하는 가장 큰 차이로 '끊임없는 배움'
을 꼽았다. 키워드로 변화를 도모하려 한다면 반드시 갖추어야 할 소양이
있다. '배우려는 자세'다. 변화를 위한 핵심 키워드라고 해도 지나치지 않
는다.

사람들은 저마다 자신이 생각하는 장점을 하나씩은 갖고 있게 마련이
다. 나는 오래전부터 "당신의 장점은 무엇이냐"라는 다른 사람들의 질문
에 조금의 주저함도 없이 이렇게 대답한다.

"저의 장점은 배우려는 자세입니다."

솔직히 고백하자면 꼭 그렇지만은 않다. '그렇게 살고 싶어서' '그런 사람이 되고 싶은 마음에' 스스로 암시하듯, 주문을 외듯 말해왔다고 해야옳다. 다행히 이런 주문은 키워드를 통한 행동의 변화를 이끌어 주는데든든한 지원군이 돼주었다.

'이 정도면 나는 훌륭한 사람이므로 더 이상의 변화나 배움은 필요하지 않다'고 말하는 사람에게 성장이나 성숙을 기대하기란 어려운 일이다. 사람이 누군가에게 배우지 못하는 이유는 자존심 때문인 경우가 대부분이다. '내가 저 사람보다 못한 게 뭐냐'라는 자존심은 배움을 막는 걸림돌이 된다. 성장을 원한다면, 변화를 간절히 바란다면 마음부터 열어야 한다. 무엇에든, 누구에게든 배우겠다는 마음 말이다. 미국의 작가이자 강연가인 찰스 존스(Charles Jones)는 이런 말을 했다.

"두 가지에서 영향받지 않는다면 우리의 인생은 5년이 지나도 지금과
똑같을 것이다. 그 두 가지는 우리가 만나는 사람과 읽고 있는 책이다."

지금부터 5년 전으로 돌아가 보자. 그때보다 특별히 이룬 것 없이 '내가 뭐 하고 살았지'라는 생각을 하게 된다면 아직 배우려는 자세에 마음을 열지 못한 상태라고 봐야 한다. 앞으로 5년 후, 다시 지금을 돌아보며

'내가 이렇게 달라졌구나', '이런 일들을 이뤘구나'는 대답을 하려면 만나는 사람과 읽고 있는 책에서 작은 것이라도 배우고, 그것을 실행하겠다는 결심이 필요하다.

성경에는 파종의 법칙이 등장한다. 바로 '심은 대로 거둔다'는 것이다. 하루하루 그냥 살아간다고 성장과 변화가 이루어지는 것은 아니다. 5년 후 나의 모습이 지금과 비교해 조금도 달라지지 않은 불행한 상황을 맞이하지 않기 위해서는 변화의 씨앗인 키워드를 마음의 밭에 뿌려야 한다. 언젠가 풍성한 열매로 되돌려줄 것이라는 확신하고 말이다. 나 역시 놀랍게 달라진 5년 후, 그리고 또 다음의 5년 후를 위해 오늘도 스스로에게 키워드로 주문을 건다.

"저의 장점은 배우려는 자세입니다."

🔑 올해의 이력서

"오늘 당신의 능력을 100이라고 한다면 내일은 여기에 1% 더 노력해라. 그러면 당신의 능력은 101로 향상될 것이다. 그리고 모레는 다시 여기(101)에 1%의 노력을 더 기울여라. 그러면 당신의 능력은 102.01이 될 것이다. 눈덩이처럼 쉬지 않고 앞으로 구르다 보면 자신도 모르는 사이 순식간에 커진 자신의 능력을 깨닫게 될 것이다. 그렇게 되면 100일도 되지 않아 100에 불과하던 당신의 능력이 어느새 200으로 늘어나지 않을까? 이렇게 계속해서 반복하다 보면 당신의 능력은 4배 이상 업그레이드될 것이다! 이것이 바로 1%의 기적이다."

데밍 박사(William E. Deming)가 말하는 이른바 '1% 이론'이다.[5]

열정이 마음으로 찾아오면 대부분 사람은 급해지게 마련이다. 열정을 빨리 이루어내고 싶어서 생기는 조급함 때문이다. 데밍 박사는 이런 조급함을 버리고 매일 1%씩만 나아지라고 충고한다. 여기서 한 가지 의문이 생겼다. '매일 1%씩 달라지는 것은 좋은데 무엇이, 어떻게 달라져야 하는가'라는 막연함 때문에 생긴 의문이었다. 좋은 키워드임에는 분명한데 실행으로 옮길 만한 어떤 계획을 세우기 어려웠다. 그럼에도 그냥 지나치지 않고 '1%의 노력'이라는 키워드를 노트에 적어 두었다. 그리고 꾸준히 키워드를 바라보며 무엇이 달라져야 하는지 생각했다. 얼마 후 서광원이 쓴 〈살아있는 것들은 전략이 있다〉를 읽으며 '올해의 이력서'라는 키워드를 찾아내고는 어떤 1%의 노력을 기울여야 할지에 대한 힌트를 얻었다.

매년 한 해를 마무리하는 시기가 되었을 때 자신의 이력서를 새롭게 써보라는 것이 '올해의 이력서'라는 키워드의 핵심이다. 일 년 동안 자신의 이력서에 무언가 추가로 쓸 수 있는 새로운 스펙이 생겼다면 그만큼 성장

했다는 증거다. 반대로 작년과 비교해 아무것도 달라진 것이 없다면 정체된 채 일 년이라는 시간을 보냈다는 뜻이 된다. 막연하게 생각했던 데밍 박사의 1%의 노력은 '올해의 이력서에 새롭게 쓸 수 있는 것'으로 좀 더 구체화 시킬 수 있었다.

〈육일 약국 갑시다〉(21세기북스, 2016)의 저자인 김성오 메가넥스트 대표가 젊은이들을 대상으로 강연하는 장면을 한 인터넷 방송국의 영상으로 본 적이 있다. 작은 시골 약국을 크게 성공하게 하고, 인터넷 교육 회사인 메가스터디, 메가넥스트 CEO로서 성공적인 삶을 사는 김성오 대표 역시 자신만의 키워드를 갖고 있다는 사실을 강연을 통해 발견할 수 있었다. 김성오 대표는 600만 원의 돈으로 시작한 시골의 조그만 약국을 어떻게 성공시킬 수 있을지에 대해 많은 고민을 했다고 한다. 그런 고민을 통해 그가 한 결심은 '남과 다르게, 어제와 다르게' 였다.

"나는 남들이 하는 것보다 딱 1.5배만 더해보자고 다짐했습니다. 그리고 그렇게 했습니다. 그랬더니 나중에 남들보다 5배, 10배, 20배, 200배의 성과로 돌아왔습니다."

"어제와 오늘이 똑같다면 내일도 내년도 10년 후도 똑같을 수밖에 없습니다. 나는 하루하루 살면서 어제와 뭔가 조금이라도 다르게 하기로 했고 또 그렇게 했습니다."[6]

그는 남과 다르고, 어제와 다르게 살겠다는 결심을 실행하기 위해 인사를 할 때도 머리를 더 깊이 숙였고, 찾아온 고객의 이름을 수십 차례 반복해서 외우기도 했다. 끊임없이 고객이 무엇을 원하는지에 대해 살피고 집요하게 그 일을 실행했다. 이런 그의 행동이 성공비결이 되었음은 물론이다. 그는 강연에서 실행의 중요성에 대해서도 강조했다.

"(연단에 놓인 물컵을 예로 들며) 이 컵을 왼쪽에서 오른쪽으로 옮긴다고 해봅시다. 마음속으로 아무리 컵을 옮기겠다고 생각해도 컵은 옮겨지지 않습니다. 한 달이 지나도 일 년이 지나도 마찬가지입니다. 컵을 왼쪽에서 오른쪽으로 옮기려면 손을 들어 컵을 옮겨야 합니다. 그러면 2초도 걸리지 않습니다."

마음의 결심을 행동으로 옮기지 않는다면 아무런 소용이 없다는 뜻이다. '1%의 노력'이라는 키워드를 통해 품었던 '무엇을 어떻게 달라져야 하는지'에 대한 의심은 '오늘의 이력서'와 '남과 다르게, 어제와 다르게'라는 키워드와 어우러지면서 '지금, 여기'에서 내가 해야 할 일이 무엇인지 생각하는 시간을 갖게 했다. 그리고 '해야 할 일'의 목록을 작성하기 시작했다. 어제와 다른 오늘을 살기 위해 어떤 1% 노력을 기울여야 할지를 고민하며 당시에 적었던 목록은 이런 것들이다.

매일 책을 한 시간 이상 (무조건) 읽는다

책에서 읽은 감명 깊은 내용은 반드시 노트에 옮겨 적는다.

'저술(著述), 책 리뷰, 칼럼, 단상(斷想), 일기, 묵상(默想)' 종류가 무엇이든

하루에 한 편 이상의 글을 쓰지 않으면 잠들지 않는다.

매일 하나 이상의 키워드를 찾아낸다.

인터넷을 통해 일주일에 세 편 이상의 강의를 듣는다.

일주일 3회 이상 아내와 공원을 돌며 운동한다.

한 달에 하나씩 '이달의 성찰(省察)'을 적는다.

분기에 하나씩 인터넷으로 할 수 있는 자격증 취득 공부를 한다.

'바빠 죽겠는데 이 많은 걸 어떻게 할 수 있느냐'고 생각했을지 모른다. 그렇다. '바빠 죽겠다'는 이유로 다 하지 못했다. 이 중에는 아예 시작하지 못한 것도 있다. 그러나 자세히 살펴보면 매일 해야 하는 것은 그리 많지 않다. 또 책 읽기나 운동, 강의 듣기 외에는 시간이 오래 걸리지도 않는다. 목록의 내용을 매일, 일주일, 한 달로 나누고, 최대한 자투리 시간을 활용한 것이 그 중 몇 가지를 지금까지 이어올 수 있었던 이유다.

데밍 박사의 '1%의 노력'이란 키워드에서 시작된 '어제와 다른 나'를 향한 매일의 작은 움직임은 연말에 적는 '올해의 이력서'에 새로운 칸을 채울 수 있게 해주었다. 한 해를 무의미하게 보내지 않았다는 뿌듯한 성취감은 보너스와 같았다(부록 〈올해의 이력서〉 양식을 활용해보자). 일본의 '살아있는 경영의 신'으로 불리는 이나모리 가즈오(稻盛和夫)는 〈일심일언〉(한국경

제신문사, 2013)에서 이렇게 적었다.

> "어제와 같은 것을 어제와 같은 방법으로 어제와 같은 발상으로 반성없
> 이 처리하는 것은 스스로 인생을 함부로 다루는 것이다."

🔑 금방 온다

2015년 5월, 손석희 앵커가 진행하는 JTBC의 뉴스 프로그램에 JYP 대표 박진영이 출연하여 대화를 나누는 장면이 방송을 탔다. 인터뷰에서 박진영은 "나이가 60이 되는 날까지 댄스가수로 살고 싶다"는 목표를 밝혔다. 남다른 열정으로 격한 춤을 추는 박진영에게는 체력이 뒷받침될 때 가능한 쉽지 않은 목표다. 그가 60세가 되는 해는 인터뷰한 날부터 17년 후인 2032년이다. 박진영의 목표를 들은 손석희는 아주 인상적인 말을 건넨다. 그리고 그 말은 나의 마음 깊숙한 곳으로 파고들었다. 손석희는 박진영에게 먼저 이렇게 질문한다.

"좋은 소식과 나쁜 소식이 있는데 어떤 것을 먼저 들으시겠습니까?"

질문이 떨어지자마자 박진영은 "나쁜 소식을 먼저 듣겠다"고 대답한다. '매도 먼저 맞는 게 낫다'라는 심산이었을 게다. 손석희는 주저 없이 이렇게 말한다.

"2032년은 금방 옵니다."

지금은 젊은 나이라 댄스가수로 왕성하게 활동할 수 있지만, 이제 그렇게 할 수 없는 60세가 곧 다가온다는 의미였기에 나쁜 소식이라고 했을 것이다. 박진영이 허탈한 웃음을 짓는 사이 손석희는 이번에는 좋은 소식이라며 이렇게 말한다.

"2032년은 금방 옵니다."

지금처럼 노력하는 모습을 유지한다면 2032년에도 충분히 사랑받는 댄스가수가 되어 있을 것이라는 격려가 담긴 좋은 소식이었다. 웃으라고 한 이야기였지만 그냥 웃으며 지나치기에는 여운이 많이 남았다. 나의 키워드 노트에는 시간을 허비하지 말자는 의미의 '금방 온다'는 새로운 키워드가 적혔다.

매일 어느 은행에서 당신에게 86,400원이라는 돈을 입금해 준다고 상상해봅시다. 입금된 돈은 그날이 지나면 잔액이 1원도 남지 않고 다시 은행으로 환입됩니다. 즉, 쓰지 못하고 남은 잔액은 그냥 없어져 버린다는 뜻입니다. 이런 경우 당신이라면 어떻게 하시겠습니까? 당연히 쓰지 못한 돈은 그날이 가기 전에 모두 출금할 것입니다. 그리고 어떻게든 사용하려 하겠지요. 우리에게 매일 주어지는 시간도 마찬가지입니다. 우리에게는 매일 86,400초라는 시간이 주어집니다. 이 시간을 열심히 쓰던, 아무것도 하지 않고 보내 버리던 시간은 그냥 없어집니다. 쓰지 못한 돈은 어떻게든 찾으려 하면서도, 시간에 대해서는 그 어떤 노력도 하지 않는다면 손해는 고스란히 당신의 것이 됩니다.

'시간은 돈이다', '시간은 소중하다'는 말을 실감 나면서도 설득력 있게 전달해주는 잘 알려진 예화다. 이 내용은 키워드 노트에 '매일 86,400원'이라고 적혀있다. 매일 86,400원은 한 달이면 2,592,000원이 된다. 일 년이면 31,104,000원으로 웬만한 봉급 생활자의 연봉과 맞먹는 돈이다. 사람의 인생을 백 세 기준으로 생각한다면 무려 3,110,400,000원이다. 수명이 늘어날수록 이 돈은 점점 더 많아진다. 상당히 많은 돈이다. 아니 상당히 많은 시간이다. 하지만 그 '상당히 많다'는 표현에 함정이 있다. 앞에서 말한 '시간의 비밀'과 같은 맥락이다. 넘치도록 많다 보니 아까운 줄 모른다. 아껴야 할 시간을 '때우고, 죽이'는 이유가 여기에 있다. 분명 내가 때우고 죽였으면서도 시간이 지나서 아까운 생각에 후회했던 경험이 한두 번이 아니다. 짙은 후회를 남기는 '시간 죽이기'나 '시간 때우기'라는 표현은 이 세상에서 완전히 사라져야 한다는 게 내 생각이다.

〈인 타임〉(In Time, 2011)은 '시간은 돈'이라는 키워드를 소재로 만든 영화다. 영화에서는 시간을 돈처럼 거래하는 세상이 등장한다. 시간을 벌기 위해서는 일을 해야 하고, 필요한 상품을 구매하려면 시간을 지불해야 한다는 식이다. 심지어 인간의 수명이 돈으로 거래되기까지 한다. 만약 이런 세상을 산다면 1분 1초도 허투루 보내지는 않을 것이 분명하다. 너무 많아서 아까운 줄 모르던 시간에 관해 관심을 가지게 하는 영화였다. 이후로 시간을 허비하지 않기 위해 무엇부터 해야 하는지 고민을 시작했다.

먼저 매일 입금되는 86,400원 중에 쓸데없이 사라지는 돈, 아니 시간은 없는지 하루의 시간을 꼼꼼히 적어보았다. 가계부를 쓰듯 시계부를 써본 것이다. 시작한 지 사흘 만에 끝이 났다. 하루 86,400원의 대부분이 낭비되고 있다는 사실을 알아차리는 데는 삼 일이면 충분했기 때문이다. 때우고, 죽이느라 너무나 아까운 시간 86,400초가 주머니를 무섭게 빠져나가고 있었던 거다.

다음으로 한 일은 '금방 온다', '매일 86,400원'이란 키워드를 여기저기 적어놓는 일이었다. 이후 무료한 시간을 보내거나, 무의미한 스마트폰 검색으로 시간을 보낼 때마다 키워드를 바라보며 정신을 차리곤 했다. 영국의 극작가이자 소설가인 조지 버나드 쇼(George Bernard Shaw)의 묘비에 적혀 있다는 말이 나에게 한 이야기가 될지 모르기 때문이다.

"우물쭈물하다가 내 이럴 줄 알았다"

"I knew if I stayed around long enough, something like this happen."

🔑 칭찬 병, 충고 약

"칭찬은 (   )도 춤추게 한다."

'고래'라는 정답을 모르는 사람은 없다. 켄 블랜차드가 쓴 책의 제목이기도 하다. 칭찬의 중요성에 대해 강조한 이 말은 이제 너무 들어 식상해졌다. 고래뿐만 아니라 사람의 말을 알아듣지 못하는 양파나 감자, 고구마도 긍정적인 말, 칭찬의 말을 들려주면 생장 속도가 눈에 띄게 달라지는 마당에 만물의 영장인 사람은 두말할 필요도 없다. 많은 자녀교육 전문가들이 칭찬을 자녀교육의 가장 중요한 덕목으로 손꼽는 이유가 여기에 있다. 칭찬이 사람에게 자신감을 부여하고, 성장의 동기를 부여하는 훌륭한 촉매제인 것은 분명하다. 이렇게 누구나 다 아는 '칭찬의 힘'에 대한 이야기를 하려는 건 아니다. 오히려 사람에게 꼭 필요한 칭찬이 어떤 경우에는 병이 될 수 있다는 이야기를 하려는 거다. 개인적인 경험을 통해 그 사실을 알게 됐다.

강의하는 사람이라면 강의 후 평가에 관심을 두게 되어있다. 자신의 강의가 교육생들에게 어떻게 받아들여졌는지 궁금하기도 하지만, 강의 평가는 강사의 재초청 여부를 결정짓는 주요한 요소가 되기 때문이다. 어느 기업에서 직원교육을 위해 많은 강사료를 지급해 가며 유명한 강사를 초청했다고 하자. 그런데 강사의 강의 내용이 부실하거나 강의 태도가 성실하지 않아서 교육을 받은 직원들에게 불만이 생기는 경우가 간혹 있다. "왜 저런 강사를 불렀냐"며 항의라도 받게 된다면 기업의 교육 담당자는 강사가 아무리 유명하다 해도 다시 강의를 요청할 가능성은 없다. 그래서 강사의 재초청 여부는 강의 평가로 결정된다 해도 과언이 아니다. 어느 프리랜서 강사는 이틀간의 교육이 끝나자 자신이 보는 데서 강의평가서를 작성하게 하여 크게 당황했던 적이 있다. 생각과 다르게 최고 평가를 할 수밖에 없었지만, 해당 교육기관에서 강의를 이어가야 하는 프리랜서 강사의 마음은 충분히 이해가 됐다.

이는 사내 강사도 마찬가지다. 아무리 사내에서 뽑은 강사라고 할지라도 직원들의 평가가 좋지 않다면 강단에 설 수 없게 되는 것은 마찬가지다. 사정이 이렇다 보니 교육 부서를 맡으며 업무 대부분이 강의로 채워져 있는 나로서는 강의 평가에 관심을 가질 수밖에 없다. 가끔 교육생들에게 "잘했다", "좋았다"는 말이라도 듣게 되면 겉으로는 부끄럽다고 손사래를 치지만 내심 뿌듯함에 어깨를 으쓱거리곤 했다. 반대로 교육생들로부터 아무런 반응이 없는 경우엔 마음이 불안해지기도 했는데, 이런 때면 한두 명의 교육생에게 다가가 답이 뻔한 질문을 던지기도 했다.

"교육은 어떤가?", "도움이 되었나?"

이런 질문에 "별로였다", "지루했다"고 대답하는 사람은 거의 없다. 대놓고 싫은 소리를 못하는 우리나라 사람들의 성품 때문이다. 교육생들은 "괜찮았다"며 듣고 싶어 했던 대답을 들려준다. '답이 뻔한 질문'이라는 표현을 쓴 이유다.

몇 년 전, 사내 승진자 교육을 진행했을 때 이야기다. 강의 중간 휴식시간에 평소 친하게 지내던 후배 직원 곁으로 다가가 답이 뻔한 질문을 던졌다. 뻔한 대답, 뻔한 손사래가 이어질 것을 예상하면서 말이다. 그런데 의외의 답이 돌아왔다.

"선배님, 오늘은 평소답지 않게 말이 빠르시네요. 긴장하셨나 봅니다."

갑자기 등에 땀이 나면서 표정관리가 되질 않았다. 애써 태연한 척하며 "으응, 내가 오늘 좀 피곤해서……"라는 말로 얼버무렸지만, 얼굴에 드러난 불쾌함은 숨기기 어려웠다. 이후 친했던 후배와의 관계가 서먹해진 건 내 속이 좁은 이유였을 것이다.

교육을 모두 마치고, 며칠 동안이나 후배의 말을 곱씹어 보았다. 평소와 큰 차이 없이 말을 했음에도 어떤 사람에게는 빠르게 느껴질 수 있다는 사실을 그때 처음 알았다. 사람들에게 "좋았다, 잘했다, 도움이 되었다"는 칭찬의 말만 듣고 싶어 하다 보니 내게 어떤 문제가 있는지 돌아볼 필요를 느끼지 못했던 거다. 이후로 교육생들을 대상으로 하던 '뻔한 질문'을 멈췄다. 칭찬이 사람에게 힘과 용기를 불어넣어 주기는 하지만, 자신을 돌아보게 하는 기회는 제공하지 못한다는 사실을 몸으로 체득했기 때문이다. 오히려 듣기에 불편한 충고가 문제를 발견하고, 그것을 고칠 수 있는 약이 될 수 있음을 깨닫게 된 소중한 경험이었다. 키워드 '칭찬병, 충고 약'이란 키워드는 그렇게 만들어졌다. 이 키워드는 글쓰기 훈련에도 유용하게 활용됐다.

처음 글쓰기를 결정하고 블로그를 글쓰기 훈련장으로 삼았다. 반드시 '일주일에 세 편 이상의 글을 포스팅(Posting, 블로그 등에 글이나 사진을 게시하는 행위를 말한다)하겠다'는 목표를 세웠다. 구속력이 없어 힘들게 시작한 결심이 작심삼일되는 것을 막기 위함이었다. 내가 쓴 글을 누군가에게 보여주어야 한다는 부끄러움을 이겨내야 하는 큰 용기가 필요했다. 2013년 연말부터 시작한 블로그에 지금까지도 매주 책 리뷰를 포함한 포스팅을 이어가고 있다. 시간문제, 능력 문제에 부딪혀 그만두고 싶을 때마다 키워드 '열정의 습관화'를 떠올리며 힘을 냈다.

블로그를 시작하고 얼마 되지 않았을 때의 얘기다. 한 편의 글을 완성하고 포스팅하게 되면 성취감에 '이 정도면 잘 썼다'는 자아도취에 빠지곤 한다. 스스로 '칭찬'이라는 먹이를 주는 거다. 그런데 일주일 혹은 한 달 정도의 시간이 지나 포스팅한 글을 다시 읽으면 부끄러움에 얼굴이 화

끈거렸다. '어떻게 이런 수준 낮은 글을 썼을까'라는 생각에 글을 삭제하고 싶다는 충동을 느끼곤 했다. 자괴감으로 실제 몇 개의 글을 삭제하기도 했다. 그러나 부끄러운 글도 나의 한 부분이며, 그것을 통해 나를 돌아보기 위해 대부분이 수준 미달인 글들을 그냥 놔두기로 했다. 그렇지 않으면 모든 글이 삭제되어야 하기 때문이다.

이런 일이 잦아지자 글을 쓰고 나서 바로 포스팅하지 않고, 첫 독자에게 글을 먼저 보여준 뒤, '괜찮다'는 평이 나오면 그때 글을 올리는 것으로 방향을 바꿨다. 첫 독자는 바로 아내다. 등에 땀이 날 만한 부끄러운 글을 아내는 묵묵히 읽어주고, 평가해주는 수고를 마다치 않았다. 고마운 일이다. 지금은 글의 내용이나 문체에 대해 냉철한 평가를 해주기도 하지만, 처음부터 그랬던 것은 아니다. 워낙 좁은 속을 가진 남편이라는 사실을 잘 아는 아내는 "괜찮다, 잘 썼다"는 말로 힘을 주었다. 아내의 칭찬에 고무되어 부끄러운 줄 모르고 또 글을 포스팅하기 시작했다. 그러나 시간이 지나서 다시 읽어본 글은 전보다 조금도 나아지지 않은 낮은 수준에 머물러 있었다. 아내의 칭찬은 글을 잘 썼다기보다 남편의 기를 꺾지 않기 위한 배려였던 거다. 다시 한 번 아내에게 '칭찬 병, 충고 약'이라는 키워드를 설명한 후 "칭찬하지 말고, 객관적이고, 날카로운 평가를 해달라"고 주문했다. 아내는 '이젠 때가 되었다'는 표정으로 "알았다"고 답했고, 실제 그 날부터 때로는 '신랄하다'는 표현이 어울릴만한 평가를 하기 시작했다. 그렇게 해달라고 말해 놓고서도 날카로운 평가를 들을 때면 속이

편치 않았다. 얼굴엔 아무렇지 않은 듯 억지 미소를 띠었지만, 속은 상처 부위에 소독약을 뿌려대는 것처럼 아프고 따가웠다. 그렇게 수년이 지난 지금까지도 나의 글쓰기는 낮은 수준을 벗어나지 못했다. 그러나 아내의 진심이 담긴 충고는 자양분이 되어 글쓰기를 조금씩 성장시켜 주고 있다. 충고가 성장에 좋은 약이 되고 있는 거다.

우리의 주변에 진심 어린 충고를 해주는 사람을 찾기란 쉬운 일이 아니다. 그러나 진심 어린 충고를 기꺼운 마음으로, 감사하는 마음으로 받아들이는 사람을 찾기는 더욱 어렵다. 중국의 베스트 셀러 작가인 장샤오헝(張笑恒)은 이렇게 말한다.

"언제나 한쪽 귀를 열어놓고 진정 나를 도우려는 사람의 객관적인 조언을 들어야 한다. 때로는 그 조언이 신랄하게 정곡을 찔러 오기 때문에 무척 고통스러울 수 있지만, 그렇다 해도 한 마디 한 마디 진지하게 듣도록 노력해야 한다."[7]

주(周) 무왕(武王)은 태공(太公)에게 현명한 사람을 썼는데도 나라가 위기에 처하는 이유에 관해 물었다. 〈설원〉에 실려 있는 얘기다. 무왕의 질문에 대한 태공의 대답은 이랬다.

"임금이 칭찬하는 소리만 듣기 좋아하고, 참소하는 소리를 듣기 싫어하며, 어질지 않은 이를 어진 이로 여기고, 선하지 않은 이를 선하게 여기며, 충성 되지 않은 이를 충성한 자로 착각하고, 믿음이 없는 자를 진실한 인물로 아는 것입니다. 그렇게 하면 자신을 칭찬해주는 자를 공이 있다고 여기고, 잘못을 지적하는 자를 죄가 있다 여기게 됩니다."[8]

사람은 누구나 충고보다 칭찬 듣기를 원한다. 남녀노소, 지위고하를 막론한 인지상정이 그렇다. 심지어 고래까지도……. 그러나 내가 가진 문제를 발견하고, 그 문제를 해결하기 위해서는 고통스러운 충고를 감사함으로 듣는 자세가 필요하다. 나는 그 사실을 아프고 따가운 경험을 통해 어렵게 알아냈다.

키워드를 만들고 꽤 시간이 지났지만, 아직도 누군가의 충고를 들어야 하는 일은 여간 힘들고 불편한 일이 아닐 수 없다. 처음과 비교해 쓴맛이 조금도 줄어들지 않았다. '칭찬 병, 충고 약'이란 키워드가 완전히 나와 한몸이 되는 그 날을 기다리며 주기적으로 주간 계획서 한쪽에 이 키워드를 적는 이유다.

🔑 25% 법칙

십수 년은 지난 얘기다. 언제인지, 어떤 신문인지 정확하게 기억나지는 않지만, NHN의 CEO인 이해진 의장의 인터뷰 기사를 읽은 기억이 있다. 다른 내용은 전혀 생각나지 않는다. 다만 한가지 선명하게 새겨진 키워드가 있다. '25% 법칙'이 그것이다.

서울대학교를 졸업하고, KAIST에서 석사학위를 받은 이해진 의장은 삼성 SDS에 입사하여 직장생활을 시작했다. 그는 직장에서 보내는 8시간 이상을 정신없이 업무만 하느라 보내지 않았다고 한다. '직장에서 보내는 시간 중에 25%는 자신을 위해 쓰겠다'는 원칙을 세운 것이다. 그렇게 삼성 SDS에서 근무하는 5년 동안 25% 법칙을 활용한 그는 네이버라는 검색엔진을 만들기에 이른다. 직장생활을 통해 자신이 바라던 꿈을 이루는 영리함을 발휘한 것이다. 직장에서 근무하는 시간 일부를 개인의 발전을 위해 쓰자는 아이디어는 이해진 의장이 처음 시도한 것은 아니다. 업무의 일정 시간을 자기계발을 하도록 배려하는 회사들이 있으니 말이다. 그것도 강제적으로.

지상 최고의 GWP(Great Work Place)로 손꼽히는 구글이 그렇다. 구글에는 '20% 법칙'이라는 것이 있다. 개인의 발전을 도모하는 20% 법칙은 '회사의 성공 비결이었다'라고까지 말한다.

"에릭 슈밋 회장은 구글의 성공법칙으로 '인재 경영'을 우선으로 꼽는다. 그는 〈비즈니스 2.0〉과의 인터뷰에서 "구글의 모든 직원은 업무 시간의 20%를 자신의 창의적인 프로젝트에 쏟도록 하고 있다"며 "구글의 핵심 경쟁력은 여기서 비롯된다"고 말했다. 그는 이것을 '20% 법칙'이라고 표현했다."[9]

또 다른 기업이 있다. 미국의 밀레니얼(1982~2000년 사이에 태어나 디지털 기기에 익숙하고 새로운 것을 시도하는 데 익숙한 세대) 세대가 가장 입사하고 싶어하는 회사에 당당히 1위로 꼽힌 3M이다(이 조사에서 2위를 차지한 회사는 구글이다). 3M에는 앞에서 설명한 25% 법칙, 20% 법칙과 같은 맥락의 15% 룰이 있다.

3M에서는 모든 직원이 근무시간의 15%를 마음대로 사용할 수 있도록 보장한다. 이 시간에 직원들은 자신의 업무가 아닌 자신만의 창조적인 활동을 하며 시간을 보낸다. 자신이 혁신적이라고 생각하는 것을 시도해볼 수 있도록 최대한의 자율과 자유가 주어지는 것이다. 직원의 성장을 위한 배려는 오히려 회사에 큰 이득이 되어 돌아왔다. 직원들의 자존감과 회사에 대한 애사심을 높여 주었을 뿐만 아니라 다양한 창조물들이 만들어지는 힘이 된 것이다. 3M을 대표하는 스카치테이프나 포스트잇과 같은 상품이 이런 15% 룰에 기반을 두고 탄생했다. 구글의 20% 법칙도 3M의 15% 룰을 따라 한 것이라 한다.[10]

구글이나 3M처럼 회사에서 강제에 가깝게 자기계발의 시간을 제공하지 않는다면 15% 룰, 20% 법칙, 25% 법칙은 이상적인 이야기에 그칠 가능성이 높다. 보통의 직장인이 근무시간 중에 자기계발을 한다는 것은 불가능하다는 뜻이다. 하루 8시간 근무를 기준으로 15%, 20%, 25%는 각각 1.2시간, 1.6시간, 2시간이 된다. 이런 긴 시간을 업무가 아닌 자기계발을 하겠다고 마음먹었다면 엄청난 용기가 필요하다. 직원의 일하는 모습을 마치 역사적 사명인 듯 살피는 상사가 매의 눈을 뜨고 지켜보고 있기 때문이다. 그런데 아주 흥미로운 조사결과가 발표됐다.

취업포털 '사람인'에서는 직장인 1,206명을 대상으로 조금은 엉뚱한 질문을 했다. '업무시간 중에 딴짓'을 하느냐는 질문이다. 이 질문에 직장인 10명 중 8~9명가량이 업무시간에 딴짓한다고 답했다. 전체 응답자의 85.2%인 1,027명에 달했다. 상당히 높은 수치다. 직급별로는 대리급(89.5%)의 응답비율이 가장 높았고, 뒤를 이어 과장(86.3%) 사원(84.6%) 부장(75.8%) 임원(68%)의 순이었다. 여기서 딴짓이라고 말하는 업무 외 행동 1위가 인터넷 검색(61.6%)이었고, 다음으로는 메신저(47.8%), 인터넷 쇼핑(34.1%) 등이 있었다. 게임을 한다는 응답도 4.7%나 조사됐다.

그렇다면 직장인들이 이렇게 딴짓으로 보내는 시간은 하루 업무 중 어느 정도일까? 같은 조사에서 하루 평균 1시간 10분이라는 결과가 발표됐다. 놀랍게도 3M의 15% 룰에 해당하는 시간이다. 너무나 당연한 얘기 같지만, 근무 중의 딴짓을 상사나 동료의 눈치를 살피지 않고 당당하게 할 수 있을까? 그럴 수 없다. 여기저기 눈치를 살피며, 때로는 가슴 졸이며 해야 하는 것이 딴짓이다. 그렇다면 우리는 여기서 하나의 중요한 결론을 얻을 수 있다. '이왕 마음 졸이며, 눈치 보며 하루 한 시간을 보낼 거라면 그 시간을 자신의 미래를 위해 쓰자'라는 것이다. 자기계발 말이다.

내가 업무 중에 하던 '딴짓'을 멈추고 처음 시작한 자기계발은 파워포인트 독학이다. 인터넷 블로그의 파워포인트 강좌를 찾아다니며 틈틈이 공부하기 시작한 거다. 물론 주변의 눈치를 살펴야 했다. 그렇게 6개월 정도가 지나자 직원들을 대상으로 파워포인트를 강의할 정도가 되어 있었다. 실제 '톡톡 튀는 파워포인트'라는 제목으로 강좌를 진행하기도 했다. 파워포인트가 어느 정도 익숙해지자 새롭게 시작한 딴짓은 블로그를 개설하는 일이었다. 이왕 블로그를 만들 거면 제대로 해보자는 생각에 또 한 번 수개월에 걸친 독학에 들어갔다.

인터넷에는 무궁무진한 정보가 넘쳐난다. 관심만 있다면 원하는 많은 것을 쉽고 빠르게 얻을 수 있다는 사실을 그때 알았다. 블로그 디자인이나 운영 방법을 돈 한 푼 들이지 않고 인터넷을 통해 공부했다. 석 달 이상의 공부와 한 달 정도의 준비기간을 거쳐 만든 블로그는 지금까지 꾸준히 운영하고 있다. 블로그는 글쓰기 훈련장의 역할을 훌륭히 감당해주기도 했다.

이후에도 미래를 위한 딴짓은 계속됐다. 인터넷 강좌를 통해 취득할 수 있는 자격증을 찾은 것이다. 평생교육사, 노인심리상담사, 심리상담사, 독서지도사는 그렇게 해서 손에 쥔 자격증들이다. 다행인 것은 회사의 입장에서 '딴짓'이라 여겨지는 행동을 통해 현재 맡은 직무인 교육 업무에 고스란히 활용하고 있다는 점이다. 눈치를 보고, 마음을 졸이며 했던 딴짓이 오히려 회사에 이바지하고 있다는 자긍심으로 바뀐 것이다. 물론 개인적으로는 미래를 위한 다양한 스펙이 쌓였다.

이제 회사에서 딴짓하는 시간을 자신을 위한 시간으로 바꿔보자. 그것이 훨씬 더 영리하고 지혜로운 일이기에 강력하게 권하고 싶다. 듀폰 (Dupont Inc.)의 유명 여성 경영인 에드나 칼(Edna Carle)은 이렇게 말했다.

"자신이 하는 일에서 월급봉투 외에 아무것도 얻지 못하는 것이 제일 안쓰러운 일이지요. 이런 문제를 가진 사람들이 우리 주변에는 수두룩합니다. 많은 사람이 미래에 대한 장밋빛 기대에 부풀어 야심만만하게 일을 시작하지만 마흔을 넘기면서 이룬 게 아무것도 없다는 사실을 불현듯 깨닫고 크게 절망하죠."[11]

제4차 산업혁명시대에
인재로 살아남는 힘

도전 정신을 고취하는 키워드

🔑 첫걸음 떼기

지금은 사어(死語)가 되었지만, '마중물'이라는 키워드가 일상에서 흔하게 쓰이던 때가 있었다. 이는 지하수를 수동 펌프로 끌어올려 사용할 때 자주 사용되던 표현이다. 우물이나 펌프가 사라져버린 요즘 시대에는 그야말로 '아재'들이나 아는 용어가 되어버렸다. 사전에서는 마중물이라는 단어의 뜻을 이렇게 설명한다.

"펌프질할 때 물을 끌어 올리기 위하여 위에서 붓는 물"(네이버 어학 사전)

수도가 일반화되지 않았던 시절, 수동 펌프를 통해 지하에 저장된 물을 끌어 올리려면 반드시 해야 하는 일이 있었다. 그것은 펌프에 한두 바가지 정도의 물을 붓는 일이다. 만일 펌프에 물을 붓지 않으면 지하에 제아무리 맑고 깨끗한 물이 저장되어 있다 할지라도 단 한 방울의 물도 사용할 수 없다. 이때 물을 끌어 올리기 위해 펌프에 붓는 물을 마중물이라고 부른다. 이렇게 우리 주변에는 어떤 일을 하는데 도화선의 역할을 하는 것들이 있다. 예를 들어 성능이 우수한 가전제품이라도 생활에 유용한 도구로 사용하려면 먼저 전기 코드부터 꼽아야 하는 것처럼 말이다. 우리가 매일 하는 마음의 결심도 마찬가지다. 마음의 결심은 마치 지하에 저장된 물과 같다. 결심을 행동으로 끌어내 삶의 변화를 도모하기 위해서는 도화선이 되는 마중물이 반드시 필요하다.

사실 우리는 거의 매일 새로운 결심을 한다. 앞 장에서 말한 적이 있는 "공부해야지", "운동해야지", "새로운 것에 도전해야지"와 같은 결심 따위다. 문제는 이런 결심을 행동으로 옮기기 어렵다는 데 있다. 마음의 새로운 결심과 의지를 행동으로 옮겨야 할 때 마중물이 되어준 키워드가 있다.

'첫걸음 떼기'가 그것이다. 헨리 데이빗 소로(Henry David Thoreau)가 〈월든〉에서 말한 '한 걸음'에 대해 읽는 중에 만든 키워드다. 소로는 친구와 피츠버그까지 여행하기로 내기를 한다면, 친구가 90센트(Cent)의 차비를 벌기 위해 일을 시작할 때, 자신은 그 순간부터 한 걸음을 내디며 목적지로 향하겠다고 말했다. 실행의 중요성을 강조한 말이다.

결심을 행동으로 끌어내는 데 도움을 줄 만한 재미있는 심리학 이론을 발견했다. 이전에 하지 않던 행동을 새롭게 하려 할 때 처음에는 의욕을 갖기 어렵다. 하기 힘든 결심이거나 남이 시켜서 억지로 하는 일인 경우에는 더욱 그렇다. 그러나 내키지 않는 일이라도 일단 행동으로 옮겨 놓으면 우리의 뇌가 자동으로 의욕을 일으켜주는 심리 현상이 있다. 이민규 아주대학교 심리학과 교수가 설명한 작동 흥분 이론이 그것이다.

의욕이 있건 없건 어떤 일을 시작하면 우리 뇌의 측좌핵 부위가 흥분하기 시작하여 점점 더 그 일에 몰두할 수 있게 의욕을 만들어주기 때문이다. 우리의 몸과 마음은 일단 발동이 걸리면 자동으로 작동되는 기계처럼 바뀐다. 그래서 하기 싫던 일도 일단 시작하면 그것이 계기가 되어 계속하게 되는데, 이런 현상을 작동흥분이론(Work Excitement Theory)이라고 한다.[1]

조금만 생각해보면 작동 흥분 이론은 우리의 일상생활에서 쉽게 발견할 수 있다. 나의 경험을 예로 들어보자.

먼저 아침에 일어날 때다. 새벽 4시 20분, 알람이 울려 대면 한숨부터 먼저 흘러나온다. 앞서 이야기한 '한 달에 10분', '일 년에 10분'이라는 키워드로 새벽 시간에 일어나는 일이 이제 어느 정도 습관이 되기는 했지만, 단잠에서 깨어나야 한다는 것은 본능과 싸워야 하는 힘든 일이다. 거의 매일 '좀 더 자고 싶다.'는 생각을 떨쳐내기 어렵다. 억지로 침대에서 일어나 눈을 감은 채 욕실로 걸음을 옮겨 놓는다. 욕실에 도착하면 졸린 눈으로 칫솔을 찾아 이를 닦기 시작한다. 시간을 들여 혀까지 구석구석 칫솔질을 하다 보면 어느새 잠은 멀리 달아나버리고 상쾌한 아침이 시작된다. 몸에 작동 흥분, 즉 발동이 걸린 거다.

퇴근해서도 비슷한 일이 발생한다. 아내는 혼자 가도 되는 운동을 내가 퇴근하기를 기다렸다가 함께 가자며 귀찮게 한다. 식사가 끝나기 무섭게 목덜미를 잡고 인근 공원까지 끌고 나간다. '피곤하다, 힘들다'는 핑계를 대면 "그래서 더 해야 한다"며 등을 떠민다. 그렇게 한 시간여를 등에 땀이 차도록 걷고 돌아오면 '아내의 말은 언제나 옳다'는 말이 진리였음을 실감한다. 개운해진 몸으로 숙면을 취할 수 있는 거다.

작동흥분이론은 지금 말하려고 하는 키워드 '첫걸음 떼기'와도 비슷한 개념이다.

1983년 버슨 햄(Berson Ham)의 집에서는 축하 파티가 열렸다. 버슨 햄이 당시 세계에서 가장 높은 빌딩인 뉴욕 엠파이어 스테이트 빌딩을 맨손으로 등정하여 기네스 신기록을 세운 것을 축하하는 자리였다. 그런데 그날의 주인공은 버슨 햄이 아니었다. 십여 명의 기자들이 한 할머니를 둘러싸고 인터뷰를 하고 있었다. 할머니는 당시 94세로, 손자인 햄이 기네스

/ 2부 실전 키워드

신기록을 세웠다는 소식에 그를 축하하기 위해 와 있었다. 그런데 할머니는 놀랍게도 햄의 집까지 100km가 넘는 거리를 걸어와 화제가 되었다. 자신도 모르는 사이에 '가장 먼 길을 걸은 90세 노인'으로 세계 신기록을 세운 것이다. 한 기자가 그녀에게 이렇게 물었다.

"걸어서 이곳까지 오셨는데, 체력이 걱정되지는 않으셨나요?"

햄의 할머니는 웃으며 이렇게 대답했다.

"젊은이, 100km를 단번에 올 생각을 했으면 아마 나는 엄두도 못 냈을 거야. 하지만 한 걸음 걸어가는 데는 그리 큰 용기가 필요하지 않거든. 한 걸음을 가고, 또 한 걸음을 가고, 다시 한 걸음, 또 한 걸음, 이렇게 가다 보면 100km도 걸을 수 있게 되지."[2]

어렵고 힘든 일이지만 일단 시작해서 첫걸음을 옮겨 놓는 순간, 우리는 마음속의 많은 결심과 소망을 현실로 끌어낼 수 있다. 마치 지하의 맑고 깨끗한 물이 마중물을 만나 끌어올려 지는 것처럼 말이다. 게다가 인간이라면 누구나 가진 '작동흥분이론'이 의욕을 높여 주기도 한다. 첫걸음을 떼면 원하는 것을 모두 이룰 수 있다고 말하는 것은 아니다. 나는 어떤 결심을 첫걸음 떼기로 시작한 후 작심삼일로 끝나버린 경험을 자주 했다. 그런 때에도 실망하거나 좌절하지 않으려고 애를 썼다. '원래 그런 사람이야'라는 생각도 하지 않았다. 중간에 멈추는 한이 있더라도 무엇인가 시도했다는 것이 '나중으로, 내일로' 미루는 것보다 훨씬 더 가치 있는 일이라는 믿음 때문이다. 다행히도 키워드 '첫걸음 떼기'는 마음속의 목표를 현실로 만들어 주는 훌륭한 마중물이 돼주었다.

🔑 안될 이유, 될 방법

직장인이라면 누구나 한두 번쯤 '회사를 그만두고 싶다'는 충동에 빠진다. 나 역시 그중 한 사람이다. 아니 직장생활을 20년이 넘게 했으니 한두 번이 아니다. 실제 사표를 낸 적도 있고, 직장을 옮긴 적도 있다. 그러나 나이가 들어가고, 자녀들이 자라면서 회사를 그만둔다는 것은 현실적으로 쉽지 않다. 재취업이나 창업이 만만치 않고, 이 과정에서 자칫 실패라도 하게 되면 가족의 생계가 위협을 받기 때문이다. 이쯤 되면 점차 조직에 순응하기 시작한다. 오히려 조기 퇴직이나 명예퇴직으로 직장을 잃게 되지는 않을까 노심초사하는 경우가 빚어지기도 한다.

일찌감치 직장을 그만두고 독립한 사람들은 주변에서 '회사를 그만두고 싶다'는 말을 들으면 목소리를 높여가며 반대하곤 한다. '힘들고 속상한 일이 있더라도 꾹 참고 회사에 남아 있으라'는 거다. 회사라는 온실을 벗어난 세상이 녹록하지 않다는 것을 몸으로 체험했기 때문이다. 그럼에도 불구하고 회사를 그만두겠다고 고집을 부리는 사람들에게는 '직장을 다니는 동안에 무엇을 할 것인지 준비한 뒤에 그만두라'고 충고한다. 무작정 회사를 그만두게 되면 실패할 가능성이 높으니 완벽하게 준비해야 한다는 진심을 담은 메시지를 전하는 것이다. 그런데 그게 말처럼 쉽지가 않다. 기본적으로 무슨 준비를 어떻게 해야 할지 알기 어렵고, 설령 안다 해도 회사에 다니는 상태로 완벽하게 준비한다는 것 자체가 불가능하다.

 꽤 오래전 일이다. 퇴직하면 무엇을 해야 할지, 또 무엇을 준비해야 할지 몰라 답답한 마음에 자신의 분야에서 성공한 사람들의 책 20여 권을 몰아서 읽은 적이 있다. 책에는 다양한 사람들이 등장했다. 일단 그들이 판매하는 제품이 다양했다. 음식을 파는 식당을 포함해서 피자, 김밥, 토스트, 화장품, 과일, 채소, 건강식품, 자동차, 거기에 기업 경영까지. '성공'이라는 단어가 붙은 책은 닥치는 대로 읽어보려 했다. 그렇게 20여 권의 책을 읽고 나자 성공한 사람들에게는 공통되는 특성이 있음을 찾아냈다. 그들의 특성을 한마디로 정리한다면 다음과 같다.

 '무엇을' 팔 것인가 보다 '어떻게' 팔 것인가에 집중하라.

 말한 것처럼 성공한 사람들은 파는 물건이 하나같이 달랐다. 그러나 전혀 다른 물건을 파는 방법이나 태도는 놀라울 정도로 비슷하게 닮아 있었다. 그렇다고 방법과 태도가 전혀 새로운 것도 아니었다. 이미 우리가 '이렇게 하면 성공할 수 있다'고 알고 있는 수준에서 크게 벗어나지 않았다. 예를 들면 새벽부터 일어나 시장을 돌아다니며 가장 좋은 식자재를 찾거나, 자신의 상품을 알리기 위해 가는 곳마다 전단을 돌리고, 무시와 냉대를 겪으면서도 포기하지 않고 사람들을 찾아 나서며, 남들과는 다른 자신만의 상품을 만들기 위해 수개월을 쉬지 않고 연구하는 자세 따위다.

성공한 사람들의 비결을 정리하며 그들과 나의 분명한 차이 하나를 발견했다. 그들은 자신이 겪는 여러 가지 어려움 속에서도 그것을 극복할 방법을 찾으려 무진 애를 쓰고 있었다. 일이 잘 풀리지 않으면 '회사가 지원하지 않아서', '팀원들이 열심히 일하지 않아서', '경기가 좋지 않아서'라는 불평을 쏟아 내던 나의 모습과는 전연 달랐던 거다. 일과 삶을 대하는 태도의 차이라고밖에는 볼 수 없었다.

'전 재산이 11,800원이었던 사람이 사업을 시작한지 3개월만에 1억 2천만 원을, 3년만에 100억 원을 번다.' 마치 소설에서나 볼 수 있을 것같은 이 이야기의 주인공은 '남다른 감자탕' 이정열 대표다. 그가 이런 성공을 한데는 그에게 '될 방법'이라는 키워드가 있었음을 발견한다. 그가 쓴 〈희망을 끓이는 남다른 감자탕 이야기〉(성안당. 2017)에서다. 늘 그렇듯 ㈜보하라의 사람들은 새로운 제안이 나오면 안 될 이유가 아닌 될 이유를 먼저 찾는다. 그리고 그 안에 고객에 대한 배려와 남다른 아이디어를 담음으로써 잘될 방법을 찾아간다.

레드오션(Red Ocean, 붉은 피를 흘려야 하는 경쟁시장을 말한다)의 경쟁 상황, 사람들의 비웃음과 냉담함, 아무 곳에서도 자금을 융통할 수 없는 극한 상황 속에서 그들은 "그러니까 나는 안돼"라며 안될 이유를 찾지 않았다. 오히려 그들은 한계상황에 부딪혀서도 그것을 어떻게 극복할지를 끊임없이 고민하며 '될 방법'을 찾고 있었다. 그리고 사람들이 불가능하다고 말하는 일들을 한 걸음씩 실행에 옮기고 있었다.

나는 이제껏 사업이, 혹은 직장생활이 쉽고, 재미있다고 말하는 사람을 만나보지 못했다. 대부분의 사람은 할 수만 있다면 지금 하고 있는 일을 그만두고 좀 더 안정적이고, 편한 일을 하고 싶어 했다. 이 말은 사업이나 직장생활을 하면서 누구나 어려움에 직면한다는 의미이기도 하다. 그러나 성공적인 삶을 사는 사람과 그렇지 않은 사람은 어려움을 대할 때 사용하는 키워드가 다르다는 것을 책을 읽으며 발견했다. 실패하는 사람은 "이런 상황에서 내가 할 수 있는 일이 뭐가 있겠어"라고 말하며 안될 이유를 늘어놓는 반면에, 성공을 향하는 사람은 "이런 상황에서 내가 할 수 있는 일은 무엇인가"라고 말하며 될 방법을 찾는다는 것이었다.

지금 일하고 있는 교육 부서로 옮기기 전까지 대부분의 직장생활을 영업 부서에서 근무했다. 실적이 좋은 때도 많았지만 그렇지 못한 때도 있었다. 매출이 하향곡선을 그릴 때마다, 앞서 말한 것처럼 "소비심리가 위축되어서 그렇다, 주변에 경쟁업체가 개업해서 그렇다, 회사에서 마케팅 비용을 줄여서 그렇다, 부하 직원들이 열심히 일하지 않아서 그렇다" 등의 이유를 들이대며 안될 이유를 끄집어내는 습관이 있었다. 문제는 그렇게 안 될 이유를 토해내며 불평하는 그 순간에도 꾸준히 매출을 증가시키는 사람이 있었다는 것이다. 상황은 똑같았음에도 말이다. 그들에 비해 나는 안될 이유를 찾으며 실패의 길을 걷고 있었던 거다. 결국, 20년 가까이 수행하던 영업 부서에서 지금의 교육 부서로 옮기는 수모를 겪어야 했다(수모라는 표현을 쓴 이유는 직장생활을 영업직에서 마치겠다는 목표가 있었기 때문이다. 그런 이유로 교육 부서 발령은 처음엔 수모처럼 느껴졌었다). 그렇게 교육 부서로 옮기면서 키워드 '될 방법'을 발견했고, 미력하나마 조금씩 삶에 대입하기 시작했다. 지금은 "만약 교육 부서로 오지 않았다면 어쩔 뻔했을까"라는 말을 떠들고 다닐 정도로 만족스럽게 일하고 있다. 비결은 무슨 일을 하게 되든 먼저 '될 방법'을 찾기 시작했기 때문이라 감히 말하고 싶다.

어떤 일이든 우리를 힘들고 어렵게 하는 장애물은 있게 마련이다. 장애물 앞에 섰을 때 안 될 이유를 찾으며 되돌아설지, 넘어설 방법을 찾아 당당히 앞으로 나아 갈지는 순전히 자신의 태도와 결정에 달려 있다. 스스로 물어보자. '나는 장애물을 극복하게 해 줄 키워드를 갖고 있는가?' 이 물음에 대답이 궁해졌다면 다음의 키워드를 추천한다.

"안될 이유가 아닌, 될 방법은 무엇인가?

행복한 인생을 돕는 키워드

숙맥이 되자

(# 사례1)

어느 날 한 노인이 병원 진료실을 찾았다. 여러 검사를 해야 한다는 의사의 말에 가난해 보이는 노인은 난감해 하며 '나중에 다시 오겠다.'고 말하고는 자리에서 일어섰다. 조선족 교포였던 노인은 받아야 할 월급을 두 달이나 받지 못했고, 의료보험에도 가입되어 있지 않았다. 어렵게 3만 원을 만들어 병원을 찾았지만, 검사를 하려면 돈이 더 필요하다는 사실을 잘 알고 있었기에 병원을 나가려 한 것이다. 그때 노인을 진료하던 의사는 조금의 주저함도 없이 자신의 지갑을 꺼내 신용카드를 노인의 손에 쥐여 준다.

33세라는 젊은 나이에 유행성 출혈열로 세상을 떠난 〈그 청년 바보 의

사〉의 주인공 고(故) 안수현 씨의 일화다. 놀라운 것은 이 젊은 의사의 장례식에 2,000여 명이 넘는 조문객이 다녀갔다는 사실이다. 조문객은 동료 선후배와 같은 지인뿐만 아니라, 병원 청소부, 식당 아주머니, 매점 앞 구두닦이와 같은 어렵게 사는 사람들이 포함되어 있었다. 평소 젊은 의사가 베푼 사랑을 한두 가지씩 가슴에 품고 있는 사람들이었다.

(# 사례2)

미용실 유리 벽에는 '60세 이상 파마 14,000원에 해드립니다(커트 2,000원)'라고 적혀 있다. 할머니들에게 정상가격의 절반도 되지 않는 가격으로 파마를 해주는 미용실이다. "이래서 장사가 되겠어요"라는 질문에 주인 아주머니는 "돈이 없어 머리 못 하는 할머니들이 맘 놓고 올 집 하나쯤은 있어야죠"라고 대답했다. 게다가 이 미용실은 매주 목요일이면 가게 문을 닫는다. 양로원이나 보육원에 가서 미용 봉사를 해야 하기 때문이다.

〈너의 눈에서 희망을 본다〉(조화로운삶, 2010)의 저자 최민석은 이 아주머니가 사는 방법은 미련하다 못해 바보스럽다고 적었다.

(# 사례3)

1979년 약초를 캐러 갔던 이두봉 할아버지는 실수로 담뱃불을 잘못 떨어뜨렸다. 그 바람에 국유림 일부가 불탔고, 이 일로 할아버지는 벌금 1,230,157원을 부과받는다. 당시로써는 적잖은 돈이었다. 강원도 홍천

군의 국유림 관리소는 할아버지의 어려운 형편을 참작하여 벌금을 나누어 상환하도록 배려한다. 그런데 얼마 지나지 않아 할아버지는 중풍을 앓다가 아내인 용간난 할머니에게 "나 대신 벌금을 꼭 갚으라"는 유언을 남긴 채 숨을 거두고 만다. 3남 1녀의 자녀와 벌금을 떠안게 된 용간난 할머니는 어려운 형편에서도 벌금 납부를 멈추지 않는다. 일당 7천 원의 농사나 허드렛일을 해가며 우직하게 벌금을 갚은 것이다. 그렇게 20년이 지난 2001년 가을, 용간난 할머니는 벌금을 완납한다.

"이제 영감도 저승에서 편히 쉴 수 있을 것 같다." 힘겹게 벌금을 다 갚고 나서 용간난 할머니가 한 말이었다.

세상을 살다 보면 앞의 사례에서 살펴본 것과 같은 바보처럼 보이는 사람들을 종종 만나곤 한다. 자신보다 남을 먼저 생각하고, 작은 것이라도 약속은 꼭 지켜야 한다고 믿는 그런 사람들이다. 어찌 보면 인간관계에 있어 너무나 당연한 덕목임에도 그렇게 사는 사람에게 '바보 같다, 어리석다'고 말하는 세상이 되었다.

'바보'의 의미에 대해 사전에서는 '어리석고 못나게 구는 사람을 얕잡거나 비난하여 이르는 말'이라 설명한다. 이와 비슷한 말로 숙맥이 있다. 이는 숙맥불변(菽麥不辨)이라는 말에서 나왔다. 콩인지 보리인지를 구별하지 못한다는 뜻으로, 사리 분별을 못 하는 모자라고 어리석은 사람을 지칭할 때 쓰는 말이다. 바보나 숙맥은 영악스럽거나 계산적이지 못해 늘 남에게 이용당하거나 무시당하기 일쑤다. 타인과의 경쟁에서 이겨야 살 수 있는 세상에서 이들의 순진함과 어수룩함은 좋은 먹잇감이 된다.

그런데 이런 바보스러움, 어리석음을 가훈으로 삼은 집안이 있다. 창설한 지 20년이 조금 넘었을 뿐인데 21세기 대학 교육의 모델로 급부상한 한동대학교 김영길 초대 총장 집안의 이야기다.

"어리석어도 좋으니 어진 사람이 되어라."[1]

김영길 전 총장의 아버지가 자녀들에게 준 가르침이다. 이는 '처세술이 능하고 인간성이 못된 사람보다 좀 어수룩해도 어진 사람으로 살라'는 뜻이라 한다. 그의 가족은 모일 때마다 자신들의 '숙맥스러움'을 자랑인 양 내세우며 즐거워하기도 한다니 현대를 살아가는 사람에게 도무지 '이해하기 힘든 집안'이다.

자녀가 사람들에게 무시당하고, 이용당하며 살기를 바라는 부모는 세상에 없다. 그래서 너나없이 학원을 수십 개씩 돌려가며 자녀교육에 혈안이 되어 있는 거다. 남들보다 좀 더 좋은 교육을 받아, 좋은 학교에 들어가고, 좋은 직장에 들어가는 것이 성공적인 삶을 사는 것으로 생각하기 때문이다. 이런 시대에 이해(利害)를 따지지 않고 손해(損害)에 개의치 않는

가훈을 가진 김 전 총장의 집안을 이해할 수 없다고 말하는 것이다.

'숙맥이 되라'는 가훈을 가진 집안의 자손들은 과연 어떤 삶을 살고 있을지 궁금했다. 영악한 현대의 사람들에게 이용당하거나, 무시당하며 살 것이라는 예상을 했다. 그러나 이런 예상은 보기 좋게 빗나갔다.

김영길 전 총장의 조부인 김병종 선생은 퇴계 선생의 학통을 이어받은 당대 영남의 대표 학자였다고 한다. 아버지 김용대 선생은 다양한 교육사업을 펼치며 여러 교육기관을 설립한 덕망 높은 교육자였다. 이뿐만이 아니다. 자신이 재직하던 학교를 짧은 시간에 세계적인 명문으로 위상을 높인 고(故) 김호길 전 포항공대 총장이 그의 친형이다.

'세상을 살 때 자기중심으로만 살지 말고 다른 사람을 위해 때로 손해도 보고 도와주고 베풀며 살라'고 가르친 집안에서 명문대학의 총장이 둘씩이나 배출된 것이다. '경쟁에서 이겨야 잘살 수 있다'는 세상 논리를 '숙맥 같은 사람들'이 완전히 바꿔놓은 놀라운 사례다.

경쟁하며 사는 삶은 힘들고 거칠다. 그것을 잘 알고 있으면서도 자녀들에게 "학교 가면 1등 해라", "뭘 해도 잘해야 한다"고 떠들어 대던 내게 김영길 총장 일가의 이야기는 많은 생각을 하게 했다.

'숙맥이 되자'란 키워드가 마음에 들어오면서 우선 아이들에게 하던 잔소리를 멈추기로 했다. 바보 같기보다 영악하기를 원했고, 어질기보다 이기기를 바랐던 아빠가 입을 다물자, 아이들은 '우리 아빠가 달라졌어요'라는 듯 어리둥절한 표정이 역력했다. 아이들을 바라보며 잔소리가 턱밑까지 올라왔을 때마다 키워드를 떠올리며 흥분한 가슴을 쓸어내렸다. 쉽지 않았다. 몇 번 실수하며 소리를 지르기도 했다. 그러나 시간이 흘러 아이들과의 관계가 몰라보게 회복된 건 '숙맥이 되자'란 키워드가 삶에 가져다준 선물이자 소득이었다.

🔑 디드로 죽이기

만족은 한자어 가득할 만(滿)과 발 족(足)으로 구성된 단어다. 억지로 직역(直譯)을 한다면 '발이 가득하다, 충만하다' 정도로 해석된다. 만족의 의미를 '모자람이 없이 충분하고 넉넉하다'고 사전에서는 설명한다. '만족하다 혹은 족하다'라는 단어를 보며 늘 궁금했던 점이 있다. 충분하고 넉넉한 상태가 왜 발(足)과 관련이 있을까'하는 것이었다. 이런 의문에 대해 톨스토이의 유명한 단편 〈사람에게는 얼마만큼의 땅이 필요한가〉를 읽으며 나름의 이유를 찾았다.

가난한 농부 바흠은 땅에 대한 욕심이 많았다. 성실하게 노력해서 약간의 땅을 갖기도 했다. 그러던 어느 날 바흠은 바시키르인이 사는 땅에 방문한다. 땅을 사고 싶다는 바흠의 말에 촌장은 놀라운 제안을 한다.

"당신이 종일 걸어간 땅이 모두 당신 것이 됩니다. 다만 한 가지 조건이 있습니다. 해 지기 전에 출발한 곳으로 돌아오지 못하면 무효가 됩니다."[2]

설렌 가슴으로 잠을 설친 바흠은 이튿날 해가 뜨자마자 동쪽으로 발을 옮기기 시작한다. 1분의 시간도 아깝게 생각한 그는 조금의 지체함 없이 걸음을 재촉한다. 조금이라도 더 많은 땅을 차지하기 위해 걷고 또 걸었다. 몸은 땀으로 젖고, 다리에 힘이 풀리기 시작할 즈음 해를 바라보니 어느새 해는 지평선에 가까워지고 있었다. 자신의 욕심이 과했다는 것을 깨달은 바흠은 출발점으로 돌아가기 위해 달리기 시작한다. 죽을 힘을 다해 달린 바흠은 가까스로 해가 지기 전에 출발점에 도착한다. 바시키르인들과 촌장의 축하 소리를 들으며 바흠은 땅에 쓰러진다. 하인이 달려가 바흠을 일으켜 세우지만 이미 그는 피를 토하고 죽은 상태였다. 결국, 바흠이 차지한 땅은 3아르신(약 213㎝)이 전부였다.

톨스토이가 우리에게 가르쳐주려 했던 만족은 '한 발(足) 더 나아가지 않아도 행복하다고 느끼는 상태'였을 것이다. 가지면 가질수록 부족함이 사라져야 하는데, 사람은 반대로 더 필요한 것들만 눈에 뜨이게 마련인가

보다. '남의 떡이 커 보인다'는 속담은 다른 사람과 자신이 가진 것을 비교해가며 만족하지 못하는 인간의 욕심을 꼬집을 때 쓰는 말이다. 남들보다 한입 더 먹고, 한 발 더 앞으로 나가야 만족한다는 뜻이다.

언젠가 살던 집이 좁게 느껴져 좀 더 넓은 평수로 이사했던 때의 일이다. 전세 계약일이 가까워지자 살던 집을 부동산에 내놓았다. 전세난이 심하던 때라 꽤 많은 사람이 집을 보러 왔던 기억이 있다. 사람들은 집에 들어서자 이구동성 "넓다"는 말을 했다. 내가 느끼기에는 좁아 보이는 집을 '넓다'고 말하는 사람을 보며 신기한 생각이 들었다. 실제로도 그리 넓은 평수는 아니었다. 전셋값보다, 같이 사는 가족 수보다 집이 넓어 보인다는 의미였을 것이다. '말은 그렇게 했지만 살다 보면 좁아서 답답하다고 느낄 것'이라는 생각을 했다. 나 역시 새로 이사할 때 넓어 보이던 집이 어느 순간 좁아지는 경험을 자주 했다. 살림이 늘어나거나, 몸이 커져서가 아니라 내 속의 욕심이 커졌기 때문일 것이다.

에스키모인들이 늑대를 잡는 방법은 '섬뜩하다'는 표현이 어울릴 정도로 충격적이다. 에스키모인들은 날이 예리한 칼에 동물의 피를 묻힌 후 눈밭에 칼을 꽂아 둔다. 시간이 지나면 피 냄새를 맡은 늑대가 칼 주위로 다가온다. 늑대는 칼날에 묻은 피를 핥기 시작한다. 이때 늑대의 혀는 예리한 칼날에 베이고 만다. 문제는 그때부터다. 자신이 핥고 있는 피가 자신의 혀에서 흐르는 피임에도 불구하고 한번 피 맛을 본 늑대는 멈추지 못한 채 계속 칼날을 핥는다. 많은 피를 흘린 늑대는 결국 죽음에 이르고 만다. 다소 무섭게 느껴지기도 하는 이 이야기는 프랑스 출신의 티베트 승려 마티유 리카드(Mathieu Ricard)의 〈행복 요리법〉에 소개되어 있다.[3]

우리나라는 30년 전과 비교하면 100배나 더 잘살게 되었다고 한다. 그럼에도 불구하고 우리나라 국민의 행복지수는 OECD 가맹국 중 하위권에 머물러 있다. 모든 면에서 잘살게 되었고, 많은 것을 소유하게 되었으면서도 부족하고 불만스럽게만 생각되는 이유는 인정하고 싶지 않지만, 욕심 때문이다.

'디드로 효과'(Diderot Effect)라는 것이 있다.

어느 날 프랑스의 계몽 철학자 드니 디드로(Denis Diderot, 1713~1784)는 친구에게 붉은색의 고급스러운 가운을 선물 받는다. 디드로는 기쁜 마음으로 가운을 몸에 걸친다. 그 순간 갑자기 멋진 가운에 비해 낡고 볼품없는 책상이 디드로의 눈에 들어온다. 전에는 한 번도 문제가 있다고 생각하지 않던 책상이었다. 그때부터 디드로는 책상을 포함해서 서재에 있는 모든 물건을 새것으로 바꾸기 시작한다. 그렇게 얼마의 시간이 흐른 후, 서재에서 바꾸지 않은 것은 자신뿐이라는 사실을 디드로는 발견한다. 가운 하나 때문에 굳이 쓰지 않아도 될 돈을 낭비하고, 욕심의 노예가 된 자신을 발견한 디드로는 우울증에 빠져들었다고 한다.

'디드로 효과'의 의미가 물건을 구매한 후 그 물건과 어울리는 다른 제품들을 계속 구매하는 현상을 의미하게 된 뒷이야기다. 그러나 디드로 효과는 인간의 채울 수 없는 욕심을 신랄하게 지적하고 있다는 사실을 놓쳐서는 안 된다.

'만족이 행복이다', '감사가 행복이다'는 단순한 진리를 머리로는 잘 알고 있으면서도 속으로는 늘 '부족하다'고 불평하며 살았던 이유가 여기에 있었다. 30년 전보다 100배는 더 잘살게 되었음에도 전혀 행복하다고 느끼지 못하는 이유 말이다.

디드로가 두 눈을 부릅뜨고 내 속에서 살고 있다는 것을 깨달았다. 자신의 피 맛에 빠져 끊임없이 칼날을 핥고 있는 늑대는 다름 아닌 바로 나였던 거다. 이런 사실을 알아차리고는 '디드로 죽이기'란 조금은 자극적인 키워드를 노트에 적었다. 그리고 '디드로 리스트'를 만들어 갖고 싶어하는 것이 꼭 필요한 것인지 점검하기 시작했다. 마음속의 욕심을 없애고, 누리고 있는 모든 것에 만족하면서 산다는 게 얼마나 어려운 일인지 너무 잘 알고 있기 때문이다.

🔑 감사할 줄 알기 전에는

우리의 주변에는 겉으로 볼 때 성공적이고, 부유한 인생을 사는 사람들이 많다. 부족함이나 걱정이라고는 조금도 없어 보이는 그런 사람들 얘기다. 과연 그럴까? 여기 존 크랠릭이라는 한 남자의 삶을 들여다보자.

존(John)은 로스쿨을 졸업한 변호사이자 로펌을 운영하는 사업가다. 로스앤젤레스(Los Angeles)의 대법원 판사이기도 하다. 남 부러울 것 없는 스펙의 소유자다. 그의 이런 스펙은 핸섬하고 귀티 나는 중년 신사의 모습을 연상하게 한다. 여유 있는 미소와 온화한 표정으로 풍요로운 삶을 살아갈 것만 같은 존은 놀랍게도 이런 고백을 들려준다.

"2007년 겨울, 나는 내 삶이 돌이킬 수 없을 만큼 망가져 버렸다고 느꼈다. 삶이 나락으로 곤두박질치고 있는 데도 속수무책으로 바라보고만 있는 절망적인 상황이었다."

'절댓값의 고난'이라는 말이 있다. 사람은 세상을 살면서 비슷한 양의 고난을 겪는다는 의미의 표현이다. 남들에게는 차마 말하지 못하는 고민과 힘들고 어려운 사연을 누구나 하나쯤은 품고 살아간다. 이는 마치 모든 사람에게 정해진 법칙과도 같다.

존은 도대체 어떤 고난을 겪고 있었던 것일까? 그의 삶을 나락으로 곤두박질치게 한 사연은 이랬다.

2007년, 존은 운영하던 로펌이 망하기 직전에 처해 있었다. 아내와는 이미 이혼한 상태였다. 사무실 임대료를 낼 돈조차 없었고, 텅 빈 통장을 바라보며 우울증에 빠져들기도 했다. 길을 걸으면서는 '차에 치였으면 좋겠다'는 생각을 했고, '심장마비로 쓰러진 사람이 부럽다'고 말하기까지 했다. 이런 그의 삶을 완전히 반전시킨 것은 문득 마음속으로 들려온 음성 때문이었다.

"네가 지금 가지고 있는 것들에 감사할 줄 알기까지는 너는 네가 원하는 것들을 얻지 못하리라."[4]

어린 시절 그의 할아버지께서 들려주시던 말씀이 힘없이 길을 걷던 그의 귓전에 들려왔다고 존은 회상한다. 존은 그날로 하루에 한 사람씩 감사할 사람을 찾아내서 '감사편지'를 쓰기로 한다. 삶의 끝이라고 생각했던 순간에 그의 인생을 완전히 뒤바꾸어 놓은 '감사편지 프로젝트'가 시작된 것이다. 그가 '영웅들'이라고 표현하며 직접 손으로 쓴 편지를 보낸 사람은 자녀, 부모님, 친척, 친구들, 직장동료, 심지어 적대관계에 있는 사람들까지 다양했다. 존이 365번째의 감사편지를 마칠 즈음, 그에게 놀라운 변화가 찾아왔다고 한다.

/ 2부 실전 키워드

몸무게는 알맞게 줄어 있었고, 사업은 다시 활기를 띠기 시작했다. 깨어졌던 자녀들과의 관계와 친구 관계도 회복되었다. 새롭게 사랑하는 연인을 만나기도 했다. 인생의 최악 상황에서 힘겹게 떠올린 한마디가 존에게 감사편지라는 작은 행동의 변화를 이끌었고, 그 변화는 존의 인생을 완전히 다른 삶으로 이끌어주었다. 〈365 땡큐, 마음을 감동시키는 힘〉의 저자가 바로 존 크랠릭(John Kralik)이다.

2017년 '올해의 키워드'를 '그러니까 감사만 해'로 정한 뒤 삶에서 감사할 것들의 목록을 적기 시작했다. 매일 감사한 일을 적는다는 것이 그렇게 쉬운 일은 아니다. 억지로 짜 맞추듯 써야 하는 경우도 발생한다. 이런 '감사 제목 찾기'의 과정은 감사의 새로운 자세를 가르쳐주었다. 좋은 일, 행복한 일에만 감사하는 것이 아니라, 생각대로 일이 풀리지 않고, 힘들고 어려운 상황에도 감사할 수 있어야 진짜 감사하며 사는 삶이라는 소중한 지혜를 배우게 된 것이다.

🔑 걸레는 도 닦는 도구

신경정신과 전문의 이나미는 서울대 의대에서 박사(의학사)를, 미국 유니언신학대학원에서 종교심리학 석사를 취득했다. 뉴욕신학대학원 목회 신학 강의 교수를 역임하기도 했다. 지금은 서울대 의대 겸임교수, 한국융

연구소 교수, 이나미 정신분석연구소장으로 왕성한 황동을 하고 있다. 일에 있어서 하나의 몸으로는 부족해 보이는 그녀 역시 대한민국의 여성들이 공통으로 갖는 아내, 며느리로서의 고충이 있었나 보다. 종갓집 맏며느리로 시집을 간 그녀에게 가장 힘든 일은 제사였다고 말한다.

> "제사가 1년에 12번이었어요. 매달 제사 음식을 준비하고, 만들다 보면 진이 다 빠져요. 가장 큰 고통은 퇴근해서 청소하고, 밥하고, 빨래하는 것이었죠."

일에서나 가정에서 엄청난 양의 일을 감당해야 했던 그녀에게 불평이 왜 없었겠는가? 한 번은 친정어머니에게 힘든 자신의 상황을 하소연했다고 한다. 그때 친정어머니가 해준 한마디가 자기 일을 새롭게 바라볼 수 있는 계기가 되었다고 털어놓는다.

> "어느 날엔가는 하도 힘들어 하소연했더니 친정어머니께서 이런 말씀을 하셨어요. '걸레가 도 닦는 도구라고 생각해 봐.' 그 말에 마음을 바꿔 먹었죠. 내겐 걸레질이 수행이다. 이것을 통해 내가 성장한다고 말이죠. 그랬더니 정말 달라지더군요. 쌓인 빨랫감을 봐도 예전처럼 짜증이 나지 않았어요. 물론 집안일은 여전히 힘들었죠. 그러나 고통을 통해 내가 성장한다는 확신이 들자 고맙게도 느껴졌어요. 고통을 대하는 눈이 달라진 겁니다. 지금은요. 제사 음식 전문가가 됐습니다. 웬만한 집안일은

스트레스 없이 해치우고요. 제가 그만큼 성장한 겁니다."[5]

매일 하고 있는 단순한 일이 때로는 숨이 막힐 정도로 힘겹게 느껴질 때가 있다. '내가 지금 뭐 하고 있는지 거지', '이런 일까지 내가 해야 하나'라는 생각으로 모든 것을 포기하고 싶은 그런 때 말이다. 자신의 삶이 아무 의미 없는 일의 반복처럼 느껴지는 경험을 누구나 한 번쯤은 하며 살아가는 것이 인생이다. 의욕은 없어지고, 모든 것을 그만두고 싶어졌을 때, '걸레는 도 닦는 도구'라는 친정어머니의 한마디는 그녀에게 새로운 힘을 불어넣어 주는 계기가 된다.

날씨 좋은 주말, 책을 읽다 창밖을 바라보면 답답한 마음이 들 때가 있다. '인생을 너무 재미없게 사는 것은 아닐까'라는 생각 때문이다. 그럴 때면 '책은 도 닦는 도구'라고 외치며 눈을 다시 책으로 향하곤 한다. 유치해 보이지만 주말에도 놀러 나가지 않고 책을 읽는 고리타분한 삶에 새로운 가치를 부여하는 훌륭한 방법이 된다. 때로 사춘기 아이가 짜증을 부리며 말대꾸를 할 때도 '자식은 도 닦는 도구'라고 마음으로 몇 차례 되뇌다 보면 평정심을 찾는데 큰 효과를 경험하기도 했다.

니체는 "지금의 삶을 다시 한 번 완전히 똑같이 살아도 좋다는 마음으로 살아라"고 말했다. 니체의 깊은 철학적 사유와 노모의 "걸레는 도 닦는 도구"라는 표현은 무척이나 닮았음을 발견한다.

🔑 부러운 사람 vs 존경받는 사람

보는 이의 공감을 이끌어내는 스토리텔링 광고로 동아제약의 박카스 광고가 유명하다. 동아제약은 무작정 상품이 좋다고 떠들기보다 사람들의 감성을 자극하는 마케팅 전략을 펼쳤다. 덕분에 박카스는 오랫동안 드링크 음료 판매 순위 수위를 차지하고 있다. 비슷한 테마를 시리즈로 제작하는 것이 박카스 광고의 특징이다. 그중에 인상적으로 기억에 남은 광고가 있다. 제목은 '대한민국에서 ○○○로 산다는 것'이다. 다음은 여러 시리즈 중 한 편이다(이 광고는 이전 장면을 다음 장면에서 텔레비전 화면으로 보게 하는 줌 아웃 기법으로 제작되었다).

화면 1
포장마차에서 두 명의 직장인이 술을 마시고 있다. 한 직장인이 "사표를 내겠다"고 말하면 옆에 앉은 동료가 말리면서 화면은 바뀐다.

화면 2
텔레비전으로 두 직장인의 대화를 듣고 있던 추레한 모습의 구직자가 방바닥에 벌렁 드러누우며 이렇게 외친다. "부럽다, 취직해야 사표를 쓰지. 에이~"

화면 3

이제 화면은 군대 내무반이다. 갓 전입해 온 신병이 텔레비전 화면을 통해 구직자가 푸념하는 모습을 보고는 속으로 이렇게 중얼거린다. '부럽다, 누워서 TV도 보고…….' 신병의 무릎을 베고 누워 있던 선임병이 신병의 마음을 알아차렸는지 "눕고 싶지"라며 약을 올린다. 신병은 자세를 곧추세우며 큰 목소리로 "아닙니다"고 대답한다.

화면 4

다시 화면은 포장마차에서 술을 마시던 두 명의 직장인에게로 되돌아간다. 포장마차에 걸린 텔레비전으로 신병과 선임병의 대화가 들리자 "사표를 내겠다"고 말하던 직장인이 이야기한다. "부럽다, 저 때는 그래도 제대하면 끝이었는데……"

화면에는 온통 "부럽다"는 말로 넘쳐난다. 재미있는 것은 이 부러움의 대상이 돌고 돈다는 점이다. 군인은 구직자를, 구직자는 직장인을, 직장인은 다시 군인을 부러워한다. 사람은 내가 아닌 누군가를 끊임없이 부러워하며 살고 있다는 메시지를 박카스 광고는 말해주고 있다.

인간의 욕심이 없어지지 않는 한 누군가를 부러워하는 마음 역시 끝이 없을 것이라는 생각을 했다. 우리는 과연 어떤 사람을 부럽다고 말하는가? 돈 많은 사람, 똑똑한 사람, 학벌이 높은 사람, 좋은 직업을 가진 사람, 높은 자리에 있는 사람, 외모가 아름다운 사람, 빚 없는 사람, 자녀들이 말 잘 듣고 공부 잘하는 사람, 이루 헤아릴 수 없을 정도다. 거의 매일 '내가 저 사람이라면 얼마나 좋을까'라는 생각을 하며 산다고 해도 과언은 아니다. 나 역시 마찬가지로 항상 누군가를 부러워하면서 살았다. 앞에 열거한 것은 모두 내가 부러워하는 사람들의 목록을 적은 것이다.

그렇게 하루하루를 '내가 저 사람이라면 얼마나 좋을까'라는 생각을 하며 살다가 '이제 더는 그래서는 안 된다'는 자각을 하게 된 계기가 있다. 평택대학교 김태섭 교수의 강연을 듣게 되면서다. 그는 청중들에게 "부러운 사람이 될 것인가, 존경받는 사람이 될 것인가"라는 질문을 던지며 강연을 시작했다. 처음엔 '그게 그거 아닌가'라는 생각을 했다. 남들의 부러움을 받는 사람이 존경도 받고, 존경받는 사람이 부러운 것 아니냐는 것이다. 김태섭 교수는 부러움과 존경의 차이를 다음과 같은 두 가지 사례를 들어 설명했다.

우리나라가 성형수술 강국이 되었다는 사실은 이미 오래된 이야기다. 이제 성형은 남녀와 노소를 불문하고 할 수만 있다면 언제든지, 누구나 가능한 일상적인 일이 되었다. 그중에서도 예뻐지려는 목적이 아닌, 일상생활이 불편할 정도로 얼굴에 기형이 있는 사람에게 성형 기술의 발달은 새로운 삶을 가능하게 하는 축복과 같은 일이라 할 수 있다.

얼굴의 기형이나 콤플렉스로 생활의 어려움이나 상처의 굴레에 묻혀 사는 사람들에게 성형을 통해 치유와 성장을 도모해준 TV 프로그램이 있었다. 종합편성채널 TVN의 〈렛미인〉이 그것이다. 사전 오디션을 통해 엄격하게 선발된 지원자를 성형전문가들이 오랜 기간 수술을 통해 완전히 새로운 모습으로 바꿔준다는 것이 프로그램의 주요 취지다.

〈렛미인〉 홈페이지의 프로그램 소개에는 '인생 감동', '인생 변화', '기적의 신화', '기적의 주인공'이라는 표현이 적혀 있다. 외모 때문에 자살까지 생각했던 지원자가 성형을 통해 삶의 자신감을 얻는 모습을 보면 앞의 표현들이 전혀 과장으로 느껴지지 않는다. 그게 다가 아니다. 얼굴의 기형이나 콤플렉스를 극복하는 정도를 넘어서 절세미인이라고 부를 만큼 아름답게 변한 모습을 보는 순간 사람들의 입에서는 "놀랍다"는 탄성이 절로 나온다. 강연장에서 〈렛미인〉의 영상을 보여주던 김태섭 교수는 청중들에게 이렇게 질문한다.

"아름답게 바뀐 지원자가 부러우시죠? 모두들 저렇게 예뻐지고 싶으시죠?"

"예"라는 청중들의 대답 소리가 강연장을 가득 메운다. 마음에 가득한 부러움의 표현이다. 그때 김 교수는 청중들에게 한가지 질문을 더 던진다.

"그렇다면 예쁘게 변한 지원자를 존경하십니까?"

청중들은 "아니요"를 합창한다. 부러운 것은 사실이지만 존경까지 할 일은 아니라는 뜻이다(⟨렛미인⟩은 성형수술을 부추기고 지나치게 외모지상주의로 흐른 다는 비판 때문에 결국 폐지되었다). 그때 김교수는 청중들에게 영상 하나를 더 보여준다. 리지 벨라스케스(Lizzie Velasquez)의 스토리를 담은 영상이다.

리지에게는 사람들이 붙여준 별명이 있다. '세상에서 가장 못생긴 여 자'라는 별명이다. 이십 대 중반이 넘은 성인이지만 몸무게는 26~27kg에 불과한 그녀는 어린 시절부터 희소병인 마르판 증후군을 앓았다. 지방이 쌓이지 않아 음식을 먹어도 소화하지 못하는 이 질병은 그녀의 몸을 뼈만 앙상한 볼품없는 모습으로 만들어 놓았다. 게다가 피부는 쭈글쭈글하고, 한쪽 눈은 실명되어 초점이 없다. 이런 리지의 모습이 유튜브에 공개되자 사람들은 '괴물이다', '불에 태워 죽여라'와 같은 입에 담기 힘든 악성 댓 글을 달았다. 리지에게 큰 상처가 된 것은 당연한 일이다. 그러나 리지는 자신에 대한 세상의 손가락질을 희망으로 바꾸겠다는 결심을 한다. 외모 로 사람을 평가하는 편견을 바꿔보겠다는 의지였다.

리지는 자신의 이런 의지를 강연 프로그램인 테드(TED)에서 감동적으로 이야기한다. 테드 연설은 리지에 대한 야유를 환호로 바꾸어 주었고, 많 은 지지를 얻는 계기가 된다. 한마디로 유명해진 것이다. 리지는 거기에 멈추지 않고 이제 '모든 형태의 왕따를 금지하는 법안'을 통과시키겠다는 희망을 말하고 있다. 리지의 이야기는 책으로, 다큐멘터리 영화로 제작되어 조금씩 세상을 비추고, 변화시키는 등불이 되고 가고 있다.

부러움과 존경의 차이를 분명하게 설명하고 '존경받는 사람이 되라'는 김태섭 교수의 강연이 끝나고 나서도 오랫동안 한가지 질문이 마음을 울려댔다. 리지 벨라스케스의 삶이 "부러운가? 아니면 존경스러운가?"에 대한 질문이었다. 대답은 너무나 쉽고, 분명했다. 이 질문에 "존경스럽다"는 답을 하자, 또 다른 질문이 나를 괴롭히기 시작했다.

'과연 나는 부러움을 받는 사람인가? 아니면 존경을 받는 사람인가?'

세상에서 가장 못생긴 여자인 리지가 나를 고민에 빠뜨렸다. 이 질문에 쉽게 답을 찾을 수 없었다. 심지어 이도 저도 아닐 수 있다는 걱정도 생겼다. 인생의 진정한 가치를 제대로 생각한 일이 없었던 이유였을 것이다.

'예쁘면 좋고, 잘살면 좋고, 성공하면 좋다. 그런 사람이 부럽다'는 생각에 빠져, 함께 사는 사람들에게 무엇을 나누고 어떻게 대해야 하는지 고민해본 적이 없었다. 강연이 끝난 지 일 년이 훌쩍 넘은 지금도 나의 마음에 키워드 하나가 살아남아 번개처럼 번쩍거리며 정신을 깨워내고 있다.

"나는 존경 받는 사람인가?"
"그렇게 되기 위해 나는 무엇을 해야 하는가?"

에필로그

매우 간단한 에필로그를 쓰기로 했다. 끝이 아니기 때문이다. 나의 키워드 찾기는 오늘도, 지금 이 순간에도 계속되고 있다. 앞으로도 마찬가지일 것이다. 이미 내게 의미가 되어준 키워드는 수백 개가 넘는다. 물론 그것이 모두 행동을 변화시켜주지는 않았다. 그러나 최소한 이전의 고정화 되어 있던 의식을 깨뜨리는 역할까지는 훌륭하게 감당해주었다. 책을 읽는 모든 독자에게도 그랬으면 좋겠다. 키워드가 의미가 될 수만 있다면 당신이 원하고 바라는 모습으로 변화할 수 있을 것이라 믿는다.

　여기에는 조건이 따라 붙는다. 키워드에 대한 관심의 안테나를 세워야 한다는 것이다. 우리 주변에 수없이 많이 떠다니는 말 중에서 '올해의, 이 달의, 오늘의' 키워드를 찾아내려는 노력이 필요하다. 그렇게 찾은 키워드에 나만의 의미를 부여한 뒤, 키워드 노트에 기록해두고, 여기저기에 노출하자. 키워드를 노트에 적고, 키워드에 대해 생각하는 모든 과정은 우리의 행동을 변화시키는 정말 중요한 작업들이다. 그리고 키워드가 인도하는 대로 첫걸음을 떼어 놓으면 변화를 통한 진보는 시작된 것이다.

이 책에 제시된 키워드를 그대로 활용해도 좋다. 도움이 되었으면 하는 마음으로 신중을 기울여 썼다. 그러나 가능하다면 자신의 키워드를 찾을 수 있기를 권하고 싶다. 여기에 소개된 키워드는 당신의 것이 아니기 때문이다. 책에 쓰여 있는 대로만 하려 들면 또 한 번 힘겹게 시작한 변화 시도에 실패를 맛보게 될지 모른다. 톨스토이가 했다는 말을 박웅현이 쓴 〈다시 책은 도끼다〉(북하우스, 2016)에서 발견하고는 크게 공감했다.

"톨스토이가 말했듯 다른 사람으로부터 배운 것은 몸에 살짝 붙어 있지만, 스스로 발견한 진리는 내 단어가 되는 거죠. 나만의 단어가 많아지는 게 지혜로운 삶으로 가는 길이 아닌가 하는 생각이 들어요."

키워드는 자신의 경험, 자신의 의미일 때 훨씬 더 강력한 힘을 발휘해 줄 것이다. 그렇게만 할 수 있다면 이제 제4차 산업혁명이든, 제5차 산업혁명이든 시대의 변화를 두려워할 필요가 없어진다. 나의 삶을 내가 주도할 수 있기 때문이다.

이제 우리가 목표로 하는 위대한 삶으로의 첫걸음이 시작되었다. 각자의 마음에 있는 펌프에 마중 물 한 바가지를 퍼 부은 것이다. 이제 힘찬 펌프질로 당신이 가진 엄청난 잠재력을 끌어 올릴 수 있기를 바라는 마음 간절하다.

제4차 산업혁명시대에
인재로 살아남는 힘

키워드변화법

참고문헌

들어가기 전에

[1] 김용규, 〈철학카페에서 시 읽기〉 (웅진 지식하우스 2011)에서 재인용

프롤로그

[1] 최윤식, 최현식 공저, 〈제4의 물결이 온다〉 (지식노마드, 2017)

[2] 위의 책

[3] 라종일, 김현진 공저, 〈가장 사소한 구원〉 (알마, 2015)

1부 키워드 알아보기

01 키워드란 무엇인가

행동을 변화시키는 키워드

[1] 정병태, 〈행복을 부르는 말, 성공을 부르는 말〉 (넥스웍, 2012)

[2] 서광원, 〈사장의 길〉 (흐름출판, 2016)

[3] 김용규, 〈철학카페에서 시 읽기〉 (웅진 지식하우스, 2011) 에서 재인용

키워드의 의미

[1] 김용규, 〈철학카페에서 시 읽기〉(웅진 지식하우스, 2011)

[2] 원재훈, 〈단독자〉 (올림, 2014)

02 왜 키워드인가

제4차 산업혁명이 가져올 변화

[1] 최윤식, 최현식 공저, 〈제4의 물결이 온다〉 (지식노마드, 2017)

/ 키워드변화법

² 클라우스 슈밥, 〈클라우스 슈밥의 제4차 산업혁명〉 (새로운현재, 2016)

³ 타일러 코웬, 〈4차 산업혁명 강력한 인간의 시대〉 (신승미 옮김, 마일스톤, 2017)

⁴ KBS 〈명견만리〉 제작팀, 〈명견만리〉 (인플루엔셜, 2017)

변화의 방법, '키워드'

¹ 기시미 이치로, 고가 후미타케 공저, 〈미움 받을 용기 2〉 (전경아 옮김, 인플루엔셜, 2016)

변화의 도구, '키워드'

¹ 이진희, 〈광야를 읽다〉 (두란노서원, 2015)

² 이와이 도시노리, 〈만화로 읽는 아들러 심리학 1〉 (황세정 옮김, 까치, 2015)

³ 최윤식, 최현식 공저, 〈제4의 물결이 온다〉 (지식노마드, 2017)에서 재인용

03 어떻게 찾을까

널려있는 키워드

¹ "[비즈니스 유머] 남과 여" 〈한국경제〉 2010년 12월 09일자

관심 갖고 바라보기

¹ 크리스토퍼 차브리스, 대니얼 사이먼스 공저, 〈보이지 않는 고릴라〉(김명철 옮김, 김영사, 2011)

² 사이토 다카시, 〈사이토 다카시의 시간관리 혁명〉(이용택 옮김, 예인, 2015)

³ '노자와 장자 이야기' 아주경제 2016년 8월 16일자

⁴ 게리 켈러, 제이 파파산 공저, 〈원씽〉(구세희 옮김, 비즈니스북스, 2013)

의미부여 하기

[1] 강준민, 〈목회자의 글쓰기〉(두란노, 2015)

[2] 게리 켈러, 제이 파파산 공저, 〈원씽〉(구세희 옮김, 비즈니스북스, 2013)

04 어떻게 활용할까

키워드 기록하기

[1] '또렷한 기억보다 희미한 연필 자국이 낫다' 중앙일보 2015년 10월 24일자

노출, 노출, 노출하라

[1] 가즈오 이시구로, 〈파묻힌 거인〉 (하윤숙 옮김, 시공사, 2015)

[2] 박태현, 〈부하직원들이 당신에게 알려주지 않는 진실〉(웅진윙스, 2008)

키워드 활용사례

[1] 윤홍균, 〈자존감 수업〉 (심플라이프, 2016)

2부 실전 키워드

01 꿈과 목표를 이루어 가는 키워드

[1] 김동길, 〈나이 듦이 고맙다〉 (두란노, 2015)

[2] 〈오늘과 내일/오명철〉 '그때는 그때의 아름다움을 모른다.' 동아일보 2008년 8월 14일자

02 자기계발을 자극하는 키워드

[1] '대학생 도서대출 5년째 감소.' KBS, 2017년 3월 8일자

[2] TV리포트 '수요 기획, 하루 10분의 기적은?' 2010년 4월 29일자

[3] 보현, 〈도올만화논어〉 (도올 역주, 보현 만화, 통나무, 2013)

[4] 서광원, 〈살아 있는 것들은 전략이 있다〉 (김영사, 2014)

[5] 왕중추, 주신위에 공저, 〈퍼펙트 워크〉 (이지은 옮김, 다산북스, 2014)

[6] 김성오 CGN TV 주제 강의 "사람의 마음을 얻으라" 강연에서 녹취

[7] 장샤오헝, 〈철학 읽는 밤〉 (이성희 옮김, 리오북스, 2015)

[8] 조윤제, 〈적을 만들기 않는 고전 공부의 힘〉(위즈덤하우스, 2016)

[9] 구글 성공의 비결은? '20%의 법칙' 〈한겨레 신문〉 2007년 8월 3일자

[10] 신학철 수석부회장 "구글도 따라한 '15% 룰'이 연 300개 신제품 내는 3M의 혁신 비결" 〈한국경제신문〉 2016년 3월 27일자

[11] 왕중추, 주신위에 공저, 〈퍼펙트 워크〉 (이지은 옮김, 다산북스, 2014)

03 도전정신을 고취시키는 키워드

[1] 이민규, 〈하루 1%〉 (끌리는책, 2015)

[2] 장샤오헝, 〈철학 읽는 밤〉 (리오북스, 2015)

04 행복한 인생을 돕는 키워드

[1] 김영길, 〈공부해서 남 주자〉 (비전과 리더십, 2016)

[2] 레프 톨스토이, 〈톨스토이 단편선〉 (북로드, 2014)

[3] 장샤오헝, 〈철학 읽는 밤〉 (이성희 옮김, 리오북스, 2015)

[4] 존 크랠릭, 〈365 Thank You, 마음을 감동시키는 힘〉 (한국경제신문, 2011)

[5] 백성호, 〈인문학에 묻다, 행복은 어디에〉 (판미동, 2014)

제4차 산업혁명시대에
인재로 살아남는 힘

제4차 산업혁명시대에
인재로 살아남는 힘

키 워 드 변 화 법

제4차 산업혁명시대에
인재로 살아남는 힘

키워드변화법

THE KEYWORD PLANNER 1.0

키워드 변화법 활용과 성공을 위한 최고의 도구

THE KEYWORD PLANNER 1.0

키워드 변화법 활용과 성공을 위한 최고의 도구

THE KEYWORD PLANNER 1.0

키워드플래너 1.0

키워드 변화법 활용과 성공을 위한 최고의 도구

이학은 지음

인생 키워드를 발견하는 최고의 도구

키워드 플래너

올해의 키워드 / 이 달의 키워드

올해의 이력서 / 키워드 노트

BM 성안당

THE KEYWORD PLANNER 1.0

키워드플래너 1.0

키워드 변화법 활용과 성공을 위한 최고의 도구

THE KEYWORD PLANNER 1.0

키워드 변화법 활용과 성공을 위한 최고의 도구

THE KEYWORD PLANNER 1.0

키워드플래너 1.0

키워드 변화법 활용과 성공을 위한 최고의 도구

THE KEYWORD PLANNER 1.0

키워드플래너 1.0

키워드 변화법 활용과 성공을 위한 최고의 도구

변화법 제4차 산업혁명시대 고진감래 적자생존 올해의 이력서 CHANGE **틀깨기** 까짓거 배움 **거룩한 훈련** 기적의 입버릇 ᄌ
늘의 10분 금방 온다 25% 법칙 살아남기 새로운 도전 될 때까지 잠잠히 **뜻밖의 미래** 마중물 디드로 죽이기 한 걸음 끊임ᄋ
ᅡ 열정 1% 이론 **칭찬병 충고약** 걸레는 도 닦는 도구 키워드 변화법 **제4차 산업혁명시대** 고진감래 적자생존 올해의 ᄋ
ANGE 틀깨기 **까짓거** 배움 거룩한 훈련 기적의 입버릇 적자생존 오늘의 10분 **금방 온다** 25% 법칙 살아남기 새로운 도전
잠잠히 뜻밖의 미래 **마중물** 디드로 죽이기 한 걸음 끊임없이 배우시라 열정 **1% 이론** 칭찬병 충고약 걸레는 도 닦는
ᅳ 변화법 제4차 산업혁명시대 고진감래 **적자생존** 올해의 이력서 CHANGE **틀깨기** 까짓거 배움 **거룩한 훈련** 기적의 입바
ᅳ 오늘의 10분 금방 온다 25% **법칙** 살아남기 **새로운 도전** 될 때까지 잠잠히 **뜻밖의 미래** 마중물 디드로 죽이기 한 걸음
배우시라 열정 **1% 이론** 칭찬병 충고약 걸레는 도 닦는 도구 키워드 변화법 제4차 산업혁명시대 고진감래 적자생존 올
ᄒ서 CHANGE **틀깨기** 까짓거 배움 **거룩한 훈련** 기적의 입버릇 적자생존 오늘의 10분 금방 온다 25% **법칙** 살아남기 새로운 ᄃ
지 잠잠히 **뜻밖의 미래** 마중물 디드로 죽이기 **한 걸음** 끊임없이 배우시라 열정 1% 이론 칭찬병 충고약 **걸레는 도 닦는
워드 변화법 제4차 산업혁명시대 고진감래 적자생존 올해의 이력서 CHANGE **틀깨기** 까짓거 배움 **거룩한 훈련** 기적의 입버
ᅳ 오늘의 10분 금방 온다 25% **법칙** 살아남기 새로운 도전 **될 때까지** 잠잠히 뜻ᄇ

BM 성안당
www.cyber.co.kr

죽이기 한 걸음
배우시라 열정 1% 이론 **칭찬병** 충고약 걸레는 도 닦는 도구 키워드 변화법 제4ᄎ   적자생존 올해의
HANGE **틀깨기** 까짓거 배움 **거룩한 훈련** 기적의 입버릇 적자생존 오늘의 10분 금방 온다 25% **법칙** 살아남기 새로운 도전
잠잠히 뜻밖의 미래 **마중물** 디드로 죽이기 한 걸음 **끊임없이 배우시라** 열정 1% 이론 **칭찬병 충고약** 걸레는 도 닦는 ᄃ

올해의 키워드			
의미			
Must Do-List		방법	완료

TOP 3 GOAL OF THE YEAR 올해의 목표

년도 \ 분야	가정생활	직장생활	자기계발
1			
2			
3			

년도 \ 분야	건강운동	재정생활	종교생활
1			
2			
3			

올해의 키워드			
의미			
Must Do-List		방법	완료

올해의 목표 **TOP 3 GOAL OF THE YEAR**

년도 \ 분야	가정생활	직장생활	자기계발
1			
2			
3			

년도 \ 분야	건강운동	재정생활	종교생활
1			
2			
3			

KEYWORD OF THE MONTH 이 달의 키워드

MONTH_____   YEAR_____

Must-Do List   주요 키워드

SUN	MON	TUE	WED	THU	FRI	SAT

오늘의 10분 CHECK-LIST

O : 실행   X : 미실행

1	2	3	4	5	6	7	8	9	10	11	12	13	14	15

16	17	18	19	20	21	22	23	24	25	26	27	28	29	30	31

분야	내용
독서	
운동	
공부	

KEYWORD OF THE MONTH

키워드 변화법 활용과 성공을 위한 최고의 도구 키워드플래너

MONTH_____   YEAR_____

Must-Do List   주요 키워드

SUN	MON	TUE	WED	THU	FRI	SAT

오늘의 10분 CHECK-LIST

O : 실행   X : 미실행

1	2	3	4	5	6	7	8	9	10	11	12	13	14	15
16	17	18	19	20	21	22	23	24	25	26	27	28	29	30	31

분야	내용
독서	
운동	
공부	

키워드플래너 키워드 변화법 활용과 성공을 위한 최고의 도구   KEYWORD OF THE MONTH

KEYWORD OF THE MONTH 이 달의 키워드

MONTH_____   YEAR_____

Must-Do List   주요 키워드

SUN	MON	TUE	WED	THU	FRI	SAT

오늘의 10분 CHECK-LIST

O : 실행   X : 미실행

1	2	3	4	5	6	7	8	9	10	11	12	13	14	15

16	17	18	19	20	21	22	23	24	25	26	27	28	29	30	31

분야	내용
독서	
운동	
공부	

키워드 변화법 활용과 성공을 위한 최고의 도구 **키워드플래너**

MONTH_____   YEAR_____

Must-Do List

주요 키워드

SUN	MON	TUE	WED	THU	FRI	SAT

오늘의 10분 CHECK-LIST

O : 실행   X : 미실행

1	2	3	4	5	6	7	8	9	10	11	12	13	14	15

16	17	18	19	20	21	22	23	24	25	26	27	28	29	30	31

분야	내용
독서	
운동	
공부	

MONTH_____   YEAR_____

Must-Do List   주요 키워드

SUN	MON	TUE	WED	THU	FRI	SAT

오늘의 10분 CHECK-LIST

O : 실행   X : 미실행

1	2	3	4	5	6	7	8	9	10	11	12	13	14	15

16	17	18	19	20	21	22	23	24	25	26	27	28	29	30	31

분야	내용
독서	
운동	
공부	

키워드 변화법 활용과 성공을 위한 최고의 도구 키워드플래너

MONTH_____ YEAR_____

Must-Do List

주요 키워드

SUN	MON	TUE	WED	THU	FRI	SAT

오늘의 10분 CHECK-LIST

O : 실행 X : 미실행

1	2	3	4	5	6	7	8	9	10	11	12	13	14	15

16	17	18	19	20	21	22	23	24	25	26	27	28	29	30	31

분야	내용
독서	
운동	
공부	

키워드플래너 키워드 변화법 활용과 성공을 위한 최고의 도구   KEYWORD OF THE MONTH

MONTH_____   YEAR_____

Must-Do List   주요 키워드

SUN	MON	TUE	WED	THU	FRI	SAT

오늘의 10분 CHECK-LIST

O : 실행   X : 미실행

1	2	3	4	5	6	7	8	9	10	11	12	13	14	15

16	17	18	19	20	21	22	23	24	25	26	27	28	29	30	31

분야	내용
독서	
운동	
공부	

키워드 변화법 활용과 성공을 위한 최고의 도구 **키워드플래너**

MONTH_____   YEAR_____

Must-Do List

주요 키워드

SUN	MON	TUE	WED	THU	FRI	SAT

오늘의 10분 CHECK-LIST

O : 실행   X : 미실행

1	2	3	4	5	6	7	8	9	10	11	12	13	14	15
16	17	18	19	20	21	22	23	24	25	26	27	28	29	30	31

분야	내용
독서	
운동	
공부	

키워드플래너 키워드 변화법 활용과 성공을 위한 최고의 도구   KEYWORD OF THE MONTH

MONTH_____

YEAR_____

Must-Do List

주요 키워드

SUN	MON	TUE	WED	THU	FRI	SAT

오늘의 10분 CHECK-LIST

O : 실행   X : 미실행

1	2	3	4	5	6	7	8	9	10	11	12	13	14	15

16	17	18	19	20	21	22	23	24	25	26	27	28	29	30	31

분야	내용
독서	
운동	
공부	

키워드 변화법 활용과 성공을 위한 최고의 도구 키워드플래너

MONTH_____   YEAR_____

Must-Do List   주요 키워드

SUN	MON	TUE	WED	THU	FRI	SAT

오늘의 10분 CHECK-LIST

O : 실행   X : 미실행

1	2	3	4	5	6	7	8	9	10	11	12	13	14	15

16	17	18	19	20	21	22	23	24	25	26	27	28	29	30	31

분야	내용
독서	
운동	
공부	

키워드플래너 키워드 변화법 활용과 성공을 위한 최고의 도구   KEYWORD OF THE MONTH

MONTH_____　　　　　　　　　　　　YEAR_____

Must-Do List　　　　　　　主요 키워드

SUN	MON	TUE	WED	THU	FRI	SAT

오늘의 10분 CHECK-LIST

O : 실행　X : 미실행

1	2	3	4	5	6	7	8	9	10	11	12	13	14	15

16	17	18	19	20	21	22	23	24	25	26	27	28	29	30	31

분야	내용
독서	
운동	
공부	

키워드 변화법 활용과 성공을 위한 최고의 도구　키워드플래너

MONTH_____   YEAR_____

Must-Do List   주요 키워드

SUN	MON	TUE	WED	THU	FRI	SAT

오늘의 10분 CHECK-LIST

O : 실행   X : 미실행

1	2	3	4	5	6	7	8	9	10	11	12	13	14	15

16	17	18	19	20	21	22	23	24	25	26	27	28	29	30	31

분야	내용
독서	
운동	
공부	

MONTH_____   YEAR_____

Must-Do List   주요 키워드

SUN	MON	TUE	WED	THU	FRI	SAT

오늘의 10분 CHECK-LIST

O : 실행   X : 미실행

1	2	3	4	5	6	7	8	9	10	11	12	13	14	15

16	17	18	19	20	21	22	23	24	25	26	27	28	29	30	31

분야	내용
독서	
운동	
공부	

키워드 변화법 활용과 성공을 위한 최고의 도구 **키워드플래너**

MONTH_____   YEAR_____

Must-Do List | 주요 키워드

SUN	MON	TUE	WED	THU	FRI	SAT

오늘의 10분 CHECK-LIST

O : 실행   X : 미실행

1	2	3	4	5	6	7	8	9	10	11	12	13	14	15

16	17	18	19	20	21	22	23	24	25	26	27	28	29	30	31

분야	내용
독서	
운동	
공부	

키워드플래너 키워드 변화법 활용과 성공을 위한 최고의 도구   KEYWORD OF THE MONTH

MONTH_____　　　　　　　　　　　　YEAR_____

Must-Do List　　　　　　　　　　주요 키워드

SUN	MON	TUE	WED	THU	FRI	SAT

오늘의 10분 CHECK-LIST

O : 실행　X : 미실행

1	2	3	4	5	6	7	8	9	10	11	12	13	14	15

16	17	18	19	20	21	22	23	24	25	26	27	28	29	30	31

분야	내용
독서	
운동	
공부	

키워드 변화법 활용과 성공을 위한 최고의 도구　키워드플래너

MONTH_____   YEAR_____

Must-Do List	주요 키워드

SUN	MON	TUE	WED	THU	FRI	SAT

오늘의 10분 CHECK-LIST

O : 실행   X : 미실행

1	2	3	4	5	6	7	8	9	10	11	12	13	14	15

16	17	18	19	20	21	22	23	24	25	26	27	28	29	30	31

분야	내용
독서	
운동	
공부	
.	

MONTH_____   YEAR_____

Must-Do List

주요 키워드

SUN	MON	TUE	WED	THU	FRI	SAT

오늘의 10분 CHECK-LIST

O : 실행   X : 미실행

1	2	3	4	5	6	7	8	9	10	11	12	13	14	15

16	17	18	19	20	21	22	23	24	25	26	27	28	29	30	31

분야	내용
독서	
운동	
공부	

키워드 변화법 활용과 성공을 위한 최고의 도구 키워드플래너

MONTH_____   YEAR_____ .

| Must-Do List | 주요 키워드 |

SUN	MON	TUE	WED	THU	FRI	SAT

오늘의 10분 CHECK-LIST

O : 실행   X : 미실행

1	2	3	4	5	6	7	8	9	10	11	12	13	14	15

16	17	18	19	20	21	22	23	24	25	26	27	28	29	30	31

분야	내용
독서	
운동	
공부	

MONTH_____   YEAR_____

Must-Do List	주요 키워드

SUN	MON	TUE	WED	THU	FRI	SAT

오늘의 10분 CHECK-LIST

O : 실행   X : 미실행

1	2	3	4	5	6	7	8	9	10	11	12	13	14	15

16	17	18	19	20	21	22	23	24	25	26	27	28	29	30	31

분야	내용
독서	
운동	
공부	

키워드 변화법 활용과 성공을 위한 최고의 도구 키워드플래너

MONTH_____   YEAR_____

Must-Do List	주요 키워드

SUN	MON	TUE	WED	THU	FRI	SAT

오늘의 10분 CHECK-LIST

O : 실행   X : 미실행

1	2	3	4	5	6	7	8	9	10	11	12	13	14	15

16	17	18	19	20	21	22	23	24	25	26	27	28	29	30	31

분야	내용
독서	
운동	
공부	

키워드플래너 키워드 변화법 활용과 성공을 위한 최고의 도구   KEYWORD OF THE MONTH

MONTH_____   YEAR_____

Must-Do List   주요 키워드

SUN	MON	TUE	WED	THU	FRI	SAT

오늘의 10분 CHECK-LIST

O : 실행   X : 미실행

1	2	3	4	5	6	7	8	9	10	11	12	13	14	15

16	17	18	19	20	21	22	23	24	25	26	27	28	29	30	31

분야	내용
독서	
운동	
공부	

키워드 변화법 활용과 성공을 위한 최고의 도구 키워드플래너

MONTH_____   YEAR_____

Must-Do List | 주요 키워드

SUN	MON	TUE	WED	THU	FRI	SAT

오늘의 10분 CHECK-LIST

O : 실행   X : 미실행

1	2	3	4	5	6	7	8	9	10	11	12	13	14	15

16	17	18	19	20	21	22	23	24	25	26	27	28	29	30	31

분야	내용
독서	
운동	
공부	

MONTH_____   YEAR_____

Must-Do List   주요 키워드

SUN	MON	TUE	WED	THU	FRI	SAT

오늘의 10분 CHECK-LIST

O : 실행   X : 미실행

1	2	3	4	5	6	7	8	9	10	11	12	13	14	15

16	17	18	19	20	21	22	23	24	25	26	27	28	29	30	31

분야	내용
독서	
운동	
공부	

키워드 변화법 활용과 성공을 위한 최고의 도구 키워드플래너

MONTH_____   YEAR_____

Must-Do List	주요 키워드

SUN	MON	TUE	WED	THU	FRI	SAT

오늘의 10분 CHECK-LIST

O : 실행   X : 미실행

1	2	3	4	5	6	7	8	9	10	11	12	13	14	15

16	17	18	19	20	21	22	23	24	25	26	27	28	29	30	31

분야	내용
독서	
운동	
공부	

사진

성　　명 :
생년월일 :
휴 대 폰 :
이 메 일 :
블 로 그 :
주　　소 :

· 학력 사항 ·

· 경력 사항 ·

· 자격 사항 ·

구분＼년도			
독서			
도전1			
도전2			
도전3			
도전4			

키워드 변화법 활용과 성공을 위한 최고의 도구 **키워드플래너**

사진

성　　명 :
생년월일 :
휴 대 폰 :
이 메 일 :
블 로 그 :
주　　소 :

· 학력 사항 ·

· 경력 사항 ·

· 자격 사항 ·

구분 ＼ 년도			
독서			
도전1			
도전2			
도전3			
도전4			

KEYWORD NOTE 키워드 노트

Date 날짜	KEYWORD 키워드	MEANING 의미	HOWLIST 실행

KEYWORD NOTE

Date 날짜	KEYWORD 키워드	MEANING 의미	HOWLIST 실행

KEYWORD NOTE 키워드 노트

Date 날짜	KEYWORD 키워드	MEANING 의미	HOWLIST 실행

키워드 변화법 활용과 성공을 위한 최고의 도구 키워드플래너

Date 날짜	KEYWORD 키워드	MEANING 의미	HOWLIST 실행

KEYWORD NOTE 키워드 노트

Date 날짜	KEYWORD 키워드	MEANING 의미	HOWLIST 실행

키워드 변화법 활용과 성공을 위한 최고의 도구 키워드플래너

Date 날짜	KEYWORD 키워드	MEANING 의미	HOWLIST 실행

키워드 변화법 활용과 성공을 위한 최고의 도구 키워드플래너

키워드 변화법 활용과 성공을 위한 최고의 도구 키워드플래너

THE KEYWORD PLANNER 1.0

키워드플래너 1.0

키워드 변화법 활용과 성공을 위한 최고의 도구

THE KEYWORD PLANNER 1.0

키워드플래너 1.0

키워드 변화법 활용과 성공을 위한 최고의 도구

THE KEYWORD PLANNER 1.0

키워드플래너 1.0

키워드 변화법 활용과 성공을 위한 최고의 도구

BM Book Media Group

성안당은 선진화된 출판 및 영상교육 시스템을 구축하고
항상 연구하는 자세로 고객 앞에 다가갑니다.

THE KEYWORD PLANNER 1.0

키워드 변화법 활용과 성공을 위한 최고의 도구

THE KEYWORD PLANNER 1.0

키워드플래너 1.0

키워드 변화법 활용과 성공을 위한 최고의 도구